陳水扁の時代

台湾・民進党、誕生から政権獲得まで

丸山 勝◆著

藤原書店

陳水扁の時代／目　次

陳水扁の時代

台湾・民進党、誕生から政権獲得まで

序　章

台湾変天

二〇〇〇年三月二十四日、総統選敗北の責任をとって、国民党主席を辞任した李登輝。党の女性職員の抱擁で送られた。（提供＝聯合報）

三月十八日、台北時間午後五時四十五分。

「当選です。阿扁《アビエン》が当選しました」。司会の女性が、マイクで群衆に向かって叫んだ。

民生東路に置かれた陳水扁《ちんすいへん》選挙本部前。広い道路いっぱいに広がって座り込んでいた扁迷《ビエンミエー》（陳水扁の熱狂的支持者）たちの間から、ワーっという歓呼の叫びが上がる。白と空色の小旗が振られ、まるで水面に水しぶきが立ったようだった。景気づけの携帯ラッパが、最強音のユニゾンで興奮を煽る。いろいろな形の大きな旗が、群衆の頭上を薙いでゆく。薄暮の台北が、熱くなった。

巨大なステージの後方に据え付けられたスクリーンが、テレビの選挙速報を映し出している。画面は、トップの陳水扁《ちんすいへん》が第二位の無所属候補・宋楚瑜《そうそゆ》に、三十万票ほどの差をつけていることを伝えていた。

本命かと言われた国民党の連戦は、二人にどんどん差をつけられてゆく。その差はすでに二百万近い。投票総数千二百万余り、残りの票はあと二、三百万。少なくとも国民党は、もう勝てなくなった。速報にテロップが入る。「陳水扁陣営が勝利宣言」。再び「アピーア、アピーア」の大合唱がわき起こる。「阿扁仔《アピーア》」は陳水扁の台湾語の愛称である。

台湾変天。天下が変わった。野党の民主進歩党（民進党）が勝ち、強大だった国民党が負けた。中国大陸から内戦に敗れてこの島に渡ってきてから五十六年間、絶対の権力を振るってきた党が、二〇〇〇年の総統選挙で政権を譲ることが決まった瞬間であった。反体制勢力上がりの民進党が、強烈な台湾本土意識に後押しされて、とうとう政権を取ったのである。

淡々とした第一歩

二時間後。白のワイシャツに赤いネクタイ、白いジャンパーを着込んだ総統候補の陳水扁と、白のスーツに身を包んだ副総統候補の呂秀蓮《りょしゅうれん》が、記者会見の席に現れた。二人から左へ陳夫人の呉淑珍《ごしゅくちん》、民進党主席の林義雄《りんぎゆう》が着席すると、前日から用意したという談話を、陳水扁が選挙戦でしゃがれた声で読み上げた。

何よりもまず、厳粛かつ謙虚な心情をもって、台湾人民と台湾のこの土地に感謝を捧げる。民進党の先達と先駆けの同志たち、そして李遠哲《りえんてつ》〔中央研究院〕院長をはじめ勇敢に立ち上がってくれた国政顧問団、さらには選挙期間中に心を砕いていただいた友人の皆さんに、感謝したい。この一瞬は、台湾の歴史における荘厳かつ神聖な一瞬である。勇敢なる台湾人民は、愛と希望をもって恐怖と暗黒を克服し、神聖なる一票を投じることによって、民主を守る断固たる決意を表明してくれた。阿扁と呂秀蓮の当選は、われら二人、あるいは民進党の勝利を意味するものではなく、民主の勝利であり、人民の勝利なのである。光栄あるこの一瞬は、われわれの責任の第一歩であり、……きょうのこの日は、台湾における民主の発展に新しい一ページを開く日となった。……

抑揚の少ない独特の話しぶりには、前日までの猛々しさも勝利者としての陶酔もなく、むしろ淡々とした印象を残した。

陳水扁四九七万八千票、二位の宋楚瑜四六六万五千票、三位の連戦は大きく離されて二九二万六千票。結果的には二位と三一万票余の小差であったが、陳水扁陣営は前日にはすでに勝利を確信していたようであった。選挙本部のスタッフは「四〇万票差くらいで勝てるようだ」と話していたし、前夜台北のサッカー場で催された選挙戦最後の四十五万人集会にしても、十一時ころ姿を見せた陳水扁の表情には、黒光りした顔一面に「勝った」と読める笑みがこぼれていた。同じ市内で国民党の集会に出てきた連戦の表情は、見るからに意気消沈しており、好対照をなしていた。

前日に独自の票読みを記者団に説明した民新党選挙本部副責任者の一人・游盈隆《ゆうえいりゅう》は、一九五〇年代の民主化運動のリーダーだった雷震の「大河の流れは止められない」という有名な言葉を引用しつつ、勝利を予告したという(『中國時報』00年3月18日付)。勝利宣言を発表した席での陳水扁の淡々とした落ち着きぶりは、勝利を事前に察知した民進党陣営の余裕だったのであろう。

まるでお祭り騒ぎのようににぎやかなのは、台湾の選挙の常だが、今回は選挙という民主の手続きが台湾に根付いたことを思わせる落ち着きが、選挙民の側にも見て取れた。夫婦そろって宋楚瑜に投票したという友人の企業経営者は、テレビで陳水扁当選を知ると、そう近くでもないのに、陳水扁支持者の集会をわざわざのぞきに出かけ、のんびりと眺めてきたと言っていた。翌日の新聞の見出しにしても「阿扁当選」「国民党下野」と、思いのほかおとなしく、興奮してセンセーショナリズムに流れたような報道はなかった。

李登輝は敗者か

台湾社会全体の意外なほどの冷静さと引き比べて醜悪だったのは、結果が判明した当夜から、台北の官庁街のど真ん中にある国民党中央委員会に、日によっては五千人もの群衆が押しかけ、一週間近くもの間騒いだことである。国民党幹部の中には、群衆に追い回されて殴られた者もいた。彼らの要求は、国民党惨敗の責任をとって李登輝《りとうき》は党の主席を辞任せよ、というものだったが、国民党から七年前に分派した外省人政党「新党」のメンバーが群衆に大勢まぎれ込んでいた事実は、選挙後の政局展開との関連性という点で、意味深長である。

台湾には、国民党軍が中国大陸で共産党軍との内戦に敗れた前後に逃げ込んできたいわゆる「外省人」とその二世たちが、人口の一五パーセントほどいる。騒動を起こしたのは、誰に尋ねてもこれら外省人たちに間違いないようであった。彼らも最近では、李登輝の台湾化政策が進行する中で台湾社会になじむようになり、はるか以前から台湾に住みついた「本省人」との間で、いわゆる「族群対立」を発生させることも、少なくなった。

だが彼らには、以前から独占してきた人事や資産の特権を失いたくない、という意識がまだまだ強い。いざという時には結束力も発揮する。国民党の下野は、大衆運動の結果であったわけでもなく、ましてやクーデターなどではなかった。それでも外省人の過激集団は、利権喪失の危機を感じずにはいられなかったのである。国民党本部前の騒動は、民進党の主導で民主化をさらに進めようとしている陳水扁にとって、「族群対立」の悪夢が形を変えて現れる前兆のように映ったに違いない。

李登輝は、選挙の結果が判明した直後、二〇〇一年八月の主席の任期切れを待たず、九月で党主席を辞任することを発表した。だが外省人が騒ぎ回るのを見て、即時辞任が「適切かつ必要」と称し、投票日から七日目の三月二十四日、さっさと主席から退いた。総統府周辺の話でも、また辞任直後に記者団に意外な上機嫌で「諸君ありがとう。さようなら」と言い残して去った情景からしても、李登輝は覇気を失ったわけではないようであった。

陳水扁の当選は、一九四七年の二・二八事件以来続いてきた在野の民主化運動の結実であったばかりでなく、一九九〇年あたりを起点とする李登輝の民主化と台湾化の帰結でもあった。

李登輝が国民党そのものを台湾化し、台湾人の本土意識を肯定したばかりでなく、むしろ積極的に育てたことによって、国民党と民進党はともに本土意識を強調する政党になった。そのために、一方の支持者がいま一方へ、支持政党を乗り換えやすくなった。李登輝の民主化で、総統も二大直轄市（台北、高雄）の市長も立法院も正真正銘の民選になったことによって、住民は政党に対する好悪を頻繁かつ気ままに表現できるようになった。

李登輝が民主を標榜する以上、有権者に自由な選択権を与えるのは当たり前のこととはいえ、もともと少数の外省人が多数の本省人を支配する統治マシーンに徹することを身上としてきた国民党にあっては、その「当たり前のこと」を容認させること自体が、時には権力の座をかけねばならないほどの難事であった。李登輝はその難事を、十二年かけて成し遂げたのである。この間、民進党穏健派は、指導者それぞれの思惑と理念に従い、李登輝の努力に暗黙のうちに協力した。

一年半前の立法院選で四六・四パーセントを得票した国民党は、二〇〇〇年総統選では二三・一パーセントと、半分以下の票しか取れなかった。たった一年半で国民党が急速に堕落してしまったような形跡が見当たらない以上、四〇パーセント強と推定される国民党の持ち票は、一部が元国民党幹部で総統選には無所属で立候補した宋楚瑜に、別の一部が民進党の陳水扁に、なだれをうって流れたのであろう。ということは、国民党の政策と候補者が魅力を失った場合には、有権者は他の政党に、ことに民進党に、いつでも票を振り替えるようになった、ということである。

それからすると、陳水扁は李登輝の民主化・台湾化の「受け皿」になった、と言うことができるのである。国民党支持者の間には、総統選で負けたのは候補者の連戦が悪かったのではなく、李登輝が方針を誤ったからだという感情が、疑いなく存在する。一般住民を対象にした『中國時報』の世論調査によれば、国民党が負けた責任は「李登輝にある」とする者が四二パーセントだったのに対し、「連戦のせい」とする者は七パーセント、「選挙参謀の不手際」とする者が一二パーセントであった（00年3月20日付）。「李登輝はあまりに長く権力の座にあるために、『民の声』が聞こえなくなったのだ」という悪口さえも、決して少なくない。

だがそれは、台湾が永遠に「国民党の封土」であってほしいと願う層の身勝手なのかもしれない。台湾人意識を比較的率直に反映させる紙面で知られる『台湾日報』は、投票の翌日、次のような記者の論評を掲載した。

連戦と陳水扁のどちらが当選しても、李登輝は選挙戦の勝者になっていたであろう。国民党が政権を失ったいま、李登輝は党の罪人になるであろう。だが、政権を陳水扁に平和裡に移譲した

ことは、台湾の民主政治にとっても政党政治の発展にとっても、むしろきわめて喜ばしいことなのである。（3月19日付）

李登輝は自分の党が敗れることを歓迎しているとは思えないにしても、体質も力も弱い党のリーダーに政権を譲ることによって、ポスト李登輝時代が始まろうとしている時にあたり、むしろ「ミスター・デモクラシー」としての重みと影響力を増したとさえ言えるであろう。

第 *1* 章

第二段階の民主

ポスト李登輝時代へ

2000年３月10日，台湾で尊敬を集める中央研究院院長の李遠哲（右）と会い，支援を要請した陳水扁。(提供＝聯合報)

総統選の選挙戦が中盤に入った一九九九年十二月、陳水扁（一九五一〜）は選挙の宣伝を兼ねて自伝『台灣之子』（晨星出版）を出版した。彼はその中で、一九九四年十二月に立法委員から台北市長選に出馬し、激戦の末に当選した時の心境を、「喜ぶ市民同胞を目の前にして、心中興奮を覚えつつも、粛然たる思いであった。政治の道を歩んできたとはいえ、それまでの監督者から、行政当局者に一転することになったからである」と記している（第三章「從民意代表到行政首長」から）。

総統選に当選した陳水扁は、五年余り前に体験した「粛然たる思い」をはるかに超えた、身の震えるような緊張とおののきを感じたに違いない。野党と与党では、立場と責任の変わりようは議員と市長の比ではない。市政時代四年間の行政経験しかなく、元首役としての複雑多様な任務の大半は、ほとんど未知に近い分野である。二千三百万の台湾島民の命運というとてつもない重荷を背負ってゆくには、ハンディが多すぎるのである。

陳水扁にとって差し当たり最も身近なハンディは、ほかならぬ新しい与党の民主進歩党であるかもしれない。彼を背後から支えてゆくべき民進党は、天下分け目の選挙に勝ったとはいえ、立法院で三分の一の議席しか持たない絶対少数与党である。五大派閥（「派系《パイシー》」）並立の寄り合い所帯的体質が是正されたわけでもない。このさいだから派閥対立は暫時休戦にするとしても、与党になって権益に与る機会が増えれば、悪しき伝統が増幅されて頭をもたげる可能性がある。数年来の課題だった体質と組織の改造（いわゆる「転型《チュアンシン》」）は、いまなお進行中である。陳水扁は、与党が難問山積の弱体のままで、総統としてのスタートを切らざるを得なかったのである。

与党が弱ければ野党との協力は必須となる。最も可能性の高そうな協力の相手は、外省人政党から脱皮して本省人化した国民党がまず考えられる。ところが、李登輝（一九二三〜）が主席を辞めた後の国民党は、総統選惨敗のショックで立ち直りにいましばらく時間がかかりそうであり、李登輝本人が立場上どこまで陳水扁を助けられるか、わからない。総統選に次点で敗れた宋楚瑜（一九四二〜）には、「もう少しで勝てた」という思いがあるはずである。新党「親民党」を足場に、四年後に再び総統を狙うだろうから、民進党政権に厳しく当たることはあっても、協力するようには見えない。

民進党を「台湾独立を指向する政党」としか見てこなかった中国は、もっと手ごわい。中国政策を波乱なく運んでゆくには、「一生懸命努力する」だけではだめである。台湾側はまず総力体制を再構築せねばならず、「統一問題はいつまでも待てない」と言い続けている北京を相手に、場合によっては思い切った譲歩や妥協も必要になる。だが「台湾はすでに独立した主権国家である」という原則を崩すような自殺行為はできない。

勝っても浮かれている気配がない陳水扁に、選挙後の台湾民衆はむしろ「何とかうまくやっていくだろう」という期待と頼もしさを感じ始めている。それは、彼にとって百万の味方を得た思いではあるにしても、彼の大目標である「第二段階の民主」の行方は、きわめて厳しいものがある。

1　政権交代、その前後

敗者・国民党との関係

選挙戦中の民進党陣営は、一、二月の段階では「最後には陳水扁と宋楚瑜の一騎打ちになる」と言っていた。それは、最後の最後に猛烈に追い込んでくるであろう国民党陣営への牽制だったとも考えられる。結果的に民進党の「陳宋一騎打ち」という読みは当たったわけだが、彼らにとっておそらく最も大きな計算違いは、連戦（一九三六〜　）が次点の宋楚瑜にさえ百七十万票以上も離され、国民党が当分再起不能と言われるほどの大打撃を被ったことであろう。

台湾の選挙民は、自分の票が死票になることを嫌う傾向が強い。自分の支持する候補が勝てなくなったら、最も当選してほしくない候補を落とすために、次善の候補に票を流すことがある。そうした指向は俗に「乗り換え効果（棄保効応《チーバオシャオイン》）」と呼ばれる。陳水扁が一九九四年に台北市長選に当選した時、外省人保守派候補が当選しそうになり、本省人が慌てて大挙して陳水扁に投票したのがいい例であった。その場合、実力では大きく劣るわけではない政党が、信じられないほどの惨敗を喫し、党内はたいてい大騒ぎになる。

総統選で国民党と連戦は、絵に描いたような大々的な「乗り換え」の犠牲になった。それも、国民党支持票は一人の候補に流れず、本省人票は陳水扁へ、外省人票は宋楚瑜へ二分され、国民党は股割き状態で沈没した。この事態を多少とも予測していたはずの連戦は、すでに投票日前日には気落ちした様子がありありと見え、投票翌日、「連戦は政治生命を絶たれた」と書いた新聞さえあった。

国民党にとっての不幸は、批判の十字砲火を浴びて李登輝が主席を辞め、「党改造委員会」を発足させた時、惨敗して「ダメ指導者」扱いされた当の連戦を、改造の責任者にかつぎ出さざるを得なかったことである。党の最高指導部に、他にこれぞという人物が存在しなかったということは、国民党指導部が実際にはすでに機能不全に陥っていたということである。李登輝に対する批判はそこのところに集中した。「李登輝は自分と考えを異にする者は追い出す策をとり、彼個人の権力は固めたが、かえって国民党全体の力をそいだ」（台湾大学教授・瞿海源、『中國時報』00年3月25日付）といった論評が、その代表例である。

執政党に座る民進党が「困ったことになった」とひそかに思ったであろう理由は、「全民政府」という名の連立の相手に、できれば国民党の中で主流を占める本省人グループを想定していたと考えられるからである。追って一九九〇年代前半の民進党の歴史に触れるさいに記す通り、民進党内、とくに穏健派の間には、李登輝の民主化と台湾化に積極的に同調しようとしたグループがある。民進党がここまで伸びてきたのには、李登輝の改革の恩恵を受けたという面があり、李登輝と改革の精神を共有する者が少なくない。その種の情緒を呼んで「李登輝情結《チンジエ》」という言葉さえある。

陳水扁は、民進党内を急進・穏健に大きく二分すれば穏健派であり、ある種の「李登輝情結」があると思われている。彼は選挙戦の終盤になって、連戦が李登輝の改革の理念と異なる方向に進もうとしていると、しきりに強調したことがある。それは、陳水扁が李登輝の実質的な後継者であるかのように印象づけようとする作戦でもあっただろうが、ある程度まで本心だったかもしれない。

選挙直後の種々の混乱が収まった後の三月三十日、李登輝と陳水扁は直接会って、総統職の「引き継ぎ」を始める。地元報道によれば、陳水扁は二か月後の組閣人事についても相談し、推薦する者の有無まで尋ねるはずであるという（『台湾日報』00年3月26日付）。だが、ひとまず国民党の「罪人」になった李登輝の立場は微妙である。中国問題や外交政策で後任総統に進言するようなことはあり得ても、改革や人事で民進党との二人三脚に応じるような可能性が大きいとは思われない。九〇年代前半には稀代の政略家としての手腕を発揮した李登輝は、むしろ付かず離れずの立場をとることによって、自分と国民党にとってのマヌーバーの余地を残そうとするかもしれない。

陳水扁が何かにつけて李登輝後継者イメージを振りまいてきたことには、強い批判論もある。李登輝時代に国民党の悪しきトレードマークになった「黒い金」を強烈に批判するのが、選挙中の陳水扁の姿勢であったのに、「一方で『黒い金』を批判しつつ、他方で『李登輝の後継者』を自称するのは、矛盾も甚だしい。自ら望んで自分の泣き所を教えているようなものだ」（コラムニスト・孫慶餘、『台湾日報』00年3月20日付）などがそれである。

はっきりしているのは、中央での行政の実務経験者が全くいない民進党は、選挙で敗れたとはいえなお国民党が擁する官僚群を、借用せざるを得ないことである。大部分の高級官僚は、将来復活できるかどうかわからない国民党に、いつまでも忠誠を立て続けることはできないだろうから、陳水扁政権に少なくとも表面的には協力すると思われる。ただし、中国問題の実務を担当する行政院大陸委員会のトップなどは、すでに「現職には残らない」と明言している。重要な人的資産である官僚を、国民党もむざむざ手放したくはないであろう。陳水扁は「能力重視の人材登用」を方針に掲げているが、国民党と官僚からかなり抵抗を受けることを覚悟せねばならないだろう。

宋楚瑜の「親民党」は、おそらく純然たる野党としての立場に徹すると思われる。なまじっか新政権に協力して、「外省人プラス・アルファー」という、この勢力の持ち味を失いたくないだろうからである。彼らは、宋楚瑜という強力な指導者のもとで当面は固い結束を誇っているが、もともと国民党主流への不満から宋派にはせ参じた者や、単に宋の資金集めの能力に期待しただけの者が結構多く、陳水扁政権に対する野党勢力の中心的存在になれるかどうか、不安もある。

ただ、憲法修正の権限を持つ国民大会の代表選挙が、二〇〇〇年五月に改選される可能性があることは、宋派にとっては一つのチャンスである。宋派は国民大会では勢力が強いと言われるからである。昨年九月の国民大会で、代表の任期が二〇〇二年までいったんは延ばされたが、司法当局がこの決定を無効とする判断を下したために、改選の時期は流動的になった。宋楚瑜の指導力は、序章に記したような外省人の強い危機感とともに、陳水扁政権の頭痛の種になる可能性が大きい。

不運あり、失策なし

総統選が終わった翌日、民進党穏健派の執行委員の間から、「公民投票によって台湾共和国を樹立する」とうたった党綱領について、現実に合わせて修正すべきだとする主張が、少数ながら現れた。そのように主張する者の中には、選挙中に政策策定の責任者になり、陳水扁が台北市長時代に副市長をつとめて陳の側近でもある林嘉誠《りんかせい》（一九五二〜）が含まれていたという（『自立晩報』00年3月19日付）。

「台独」問題は、執政党になって、政務も党務もより現実的に運用せねばならなくなった民進党にとって、少なくとも政権が動き出す前の段階では、あまり触れられたくない微妙な問題である。究極的に台湾の自立を目指すという建前は、党是であるばかりでなく、票を集める上で重要な基礎でもある。だが反面で、現実に中国と対話や交渉にあたらねばならなくなったいま、場合によってはその建前を柔軟に運用し、中国の信頼を引き出してゆかねばならなくなった。

そうした微妙な一件が、政権交代が決まった直後にもう党内で議論にのぼるようになったという事実は、この党が現実の政治運営よりも議論の方に熱中しやすい体質、いわば書生っぽい気質を持っていることを物語っている。綱領修正問題は、実際にも選挙から五日目の中央委員会で議題にのぼり、結局は主席の林義雄《りんぎゆう》（一九四一～）の裁断で、党事務局で検討を続けるという、とりあえず穏やかな結論になった。「台独綱領」には明らかに消極的な態度をとってきた陳水扁は、この件では先々かなり苦労すると思われる。

民進党という政党が、前身の「党外」時代からかかえてきた体質や問題についてはこの後の数章で、また陳水扁が一九九八年の台北市長再選に失敗してから翌年五月ころまでの党内事情については、第五章で詳細に触れる。九九年半ば以降の民進党は、それなりに切迫した危機感を持ち、陳水扁を主軸に据えて、近年では希有と言えるほど結束の固い選挙戦を戦った。この党にとっては不運はいくつかあったにしても、大きな失敗がなかったことが、最終的に勝利を呼び込んだと言える。

陳水扁という人物は、学校時代は常に一番の成績で通した秀才タイプである反面で、地方出身者特有の粘り強さでも定評がある。九八年の市長選では、「粘り強さ」を意味する「毅力《イーリー》」をとくにキャッチフレーズにしたほどである。総統選では彼の「毅力」が遺憾なく発揮される。九八年十二月の市長落選から九九年三月ころまでは、彼にとって隠忍自重と「学習」の時期であり、がむしゃらに働くことを身上としてきた陳水扁にとっては、つらい時期だったようである。

そのころには、国民党側には連戦＝宋楚瑜という「不敗のコンビ」を正副総統候補に据える目がまだあり、そうなれば陳水扁が民進党候補として出馬しても、まず勝ち目はなかった。三月の段階では、かりに負けることがわかっていても、党に推されれば選挙に出る悲壮な心境だったことは、間違いない。メディアとのインタビューでも、「二〇〇〇年総統選〔に出馬すること〕は絶対に権利ではなく、責任である」「まだ克服されていないことがたくさんある」「縁に従って自然体でゆけばよい」（いずれも『中國時報』99年3月23日付）といった表現で、消極に傾いたままの心情を吐露していた。

　その年五月の党大会で、陳水扁を党公認にするための手続き上、原則上の障害が除かれてしまうと、陳水扁にはもう退路はなくなった。その月の末に出馬を表明し、「若き台湾、活力の政府」というメーン・スローガンや、選挙用の政策の立案を進めていった。

　彼にとって最初の大きなダメージは、この年九月二十一日に台湾中部で発生した大地震であった。震災対策を一手に握るのは国民党政府であり、連戦は復興に名を借りていくらでも金をばらまける有利な立場に立てたからである。このころまでは、宋楚瑜が世論調査の支持率で陳、連二人を一〇パーセント以上もリードしており、大地震で連が浮上してくると、実質的には連vs宋という汎国民党レースになって、陳は不利と思われた。しかも、陳水扁は地震が発生する前日に中国政策を発表しており、「民進党の新しい柔軟路線」をメディアが派手に報じるはずだったのだが、大災害でその計算が全くはずれてしまった。

　その後数週間、陳水扁と民進党は出番がほとんどなくなってしまった。特別用事もないのに震災地にのこのこ出かけて行ったりすれば、邪魔になるばかりでなく「こんな非常時に選挙のことしか考えない」といった悪評を買う心配があり、「政府の震災対策に口出しするつもりはない」と、地味な存在に徹するしかなかったのである。

　ところが、この山場を何とかやり過ごしてからは、陳水扁に運が向いてくる。第一の幸運は、選挙レースのトップを悠々と走り続けてきた宋楚瑜に、国民党秘書長時代に巨額の使途不明金があり、何億元もの海外送金をしていた疑惑が暴露されたことである。十二月九日、無名の国民党議員がメディアに公表した使途不明金は一億四千万元ということであったが、財政部の調査やこの議員の再度の暴露などで、最終的には十億元近い使途不明金と灰色の海外送金があったことが判明した。この議員と連戦陣営との関係については、メディアも「つながりがあるに決まっている」という態度をとるだけではっきりしないままであるが、圧倒的な劣勢を逆転させる国民党ぐるみの勝負手であることは、誰にもわかった。

陳水扁にとって第二の幸運は、大地震があり宋楚瑜への疑惑の暴露もあったのに、それらが連戦の人気上昇にほとんどつながらなかったことである。連戦という人物は、国民党でも行政部門でもこれ以上求めようのないキャリアを重ね、人格も温厚ではあった。ところが、父が国民党の軍人、祖父が著名な歴史学者、夫人は元ミス・チャイナと恵まれすぎた家庭環境にあったために、本省人でありながら大衆性が全く欠落した人物である。震災地に出かけても被災者が喜びそうな約束やパフォーマンスなどはほとんどできない。宋の使途不明金問題では、動いたとされる莫大な金が国民党の裏金だったために、思惑とは逆に「宋も悪いが国民党も悪い」という印象を有権者に与えたのも不運だった。

宋人気が落ちるのと入れ代わって、レースのトップに立ったのは、連戦ではなく陳水扁であった。もともと民進党の基本票は三〇パーセント強と言われ、民進党候補が勝つためには、大幅な票の上積みがあるか、そうでなければ三人以上の候補がしのぎを削るような乱戦に持ち込むか、どちらかしかない。現に総統選での陳水扁の得票率は三九・三パーセントであり、基本票に若干上積みした程度にとどまっており、民進党支持票が爆発的に増えたわけではなかった。党の基本票＋陳水扁の人気＋競争相手の競合。そうした組み合わせの妙が幸いしての陳水扁の勝利であった。

李遠哲の「清流効果」

陳水扁を総統の座に押し上げた最大の功労者は、やはり李遠哲《りえんてつ》（一九三六〜　）にとどめを刺す。投票日間際になって彼が民進党陣営に与したことで、本省人の票が大量に陳水扁に流れたのである。宋楚瑜との票差がわずかであったことからして、もし「李遠哲カード」を切れなかったら、陳水扁総統が誕生したかどうかわからない。

彼は台湾北西部・新竹の清華大学を出てカリフォルニア大学、ハーバード大学で学び、一九八六年度のノーベル化学賞を獲った超有名人である。九四年に帰国した後、李登輝に請われて台湾で最高の総合研究機関である中央研究院の院長に就任。ノーベル賞受賞者は台湾では彼一人であり、金をめぐる汚い話ばかりの台湾では「清廉・高潔」の代名詞のようになって、尊敬されている。地震復興寄金の使途を監視する団体を組織するなど、最近は象牙の塔を出て社会活動に関心を見せるようになった。

彼の名前が選挙がらみで初めて報じられたのは、選挙の月が始まった三月一日の『台湾日報』であった。李遠哲と民進党秘書長の游錫堃《ゆうしゃくくん》（一九四八〜　）が、二月半ばに金権選挙反対の件で二回会ったという報道がそれである。その日のうちに民進党に近い夕刊紙『自立晩報』も、李が投票日数日前に「陳水扁内閣」の首班になることで、陳水扁との間で話がついている、と報じた。その後、李自身が「あくまで中立」を表明し、この話は立ち消えになったかと思われたが、そうではなかった。

投票日一週間前の三月十日、二人は選挙戦が始まって初めて直接会い、陳水扁が当選した後、李遠哲は「国政顧問団」に加わることを約束したのである。おりしも、中国の要人が「台湾独立を唱える者」の当選に繰り返し警告を発し、露骨な陳水扁批判を開始した直後でもあった。李がはっきりと陳水扁支持を表明したことで、他候補から民進党に集まった票が再び流出するのを防止する効果を発揮したと言われた。

李遠哲を主役に仕立てた民進党陣営のその後の戦術展開は、台北の外交筋が「選挙のプロのやり口」と評したほどに水際立っていた。彼が入る顧問団に、運輸系大企業グループの旗頭である張栄発（一九二七〜）、李登輝にきわめて近い樹脂メーカーのオーナー許文龍ら、経済人を中心とする大物、有名人が加わることを発表。投票四日前には李が中央研究院の院長を辞職。その翌日には陳水扁が李に組閣を要請する意思を表明し、この段階で、台湾一の大学者が先々まで陳水扁を支えるのだというイメージが出来上がる。投票日前夜の最後の民進党大集会では、李遠哲の録画メッセージを映し出して念を押した。一枚のカードをタイミングよく何度も使ったのである。

金まみれ国民党と、「清流」民進党。この対比は、「黒い金」に日ごろから頭を痛めてきた選挙民には効き目があったに違いない。しかも、李遠哲には陳水扁政権になったら中国との対話を担当してもらうことにし、民進党陣営の最大の弱点だった中国問題を補強もした。国民党陣営には、「学者には票を集める力はない」という者もいたが、国民党の調査研究部門の幹部は、「中高年層の票を動かしたようだ」と認めている。

李遠哲は、再三の組閣要請にもかかわらず、陳水扁政権に参画するか否か、この稿を執筆している三月末の段階では、なお態度を明示していない。だが、彼が選挙戦の終盤で民進党に最大限の好意を示したことは、かなり大量の票を動かしたばかりでなく、民進党が政界以外の世界に人材登用の幅を広げてゆく一つの契機をつくったかもしれない。それは、民進党執政のもとで、ステレオタイプにとらわれない人事と政治スタイルが実行される可能性を示すものでもあった。

2　陳水扁の第一歩

体制の民主化、「黒い金」

民進党の選挙本部は、大地震の記憶がまだ生々しいころに発表された「防災白書」を皮切りとして、全部で二十七の選挙「白書」を発表している。政策の原則やアウトラインだけを示すのでなく、細部にまでわたって具体的な施策の内容を描いて見せた狙いは、民進党が政権を担当する意欲と能力が本当にあることを強調するところにあった。

その中には、例えば「外交白書」のように、国境という国際関係の既定の枠組みを取り払い、非政府団体や都市、政党の間の交流にまで外交の幅を広げて、できることから自由闊達に国際活動に参画してゆこうという斬新なアプローチを取り入れた、読んでなかなか興味深いものもある。だが、実際問題としてそんな大胆なことができるのかと心配になるような内容のものも、少なくない。民進党が政権につく以上、「白書」はただのペーパーではなくなり、実行すべき公約であった。

一体民進党は、どんな政策を展開しようとしているのか。「白書」の量が膨大で、多くはとても描き出せないので、重要と思われるものだけを拾い、他の章と参照しながら、現状との対比をも試みることにする。

最も基本的な政策にあたる体制改革に関する白書（「憲政体制白書」）は、これだけで百四十四ページという膨大なものだが、次のような主な柱からなる。

・現在のように権力が五院（司法、行政、立法、監察、考試各院）に分散しているのは無駄で非効率なので、他の民主国家と同じく三権分立制にする。

・憲法改正権などを持つ国民大会を立法院と合併し、単一国会制にする。

・中央の権力の一部を地方に移譲し、中央政府と地方政府を対等の関係にする。

・野党の地位を保証し、政党が企業経営や投資事業にあたることを禁止して、政党間の健全な政権交代メカニズムを確立する。

・軍と政党（国民党）とが密着した関係を清算し、軍隊を国家化する。

これまでの台湾の国家体制が、国民党が常に政権の座にあることを前提としていたと言ってもおかしくない状態だったことは確かである。民進党がそのような「党政一致」の体制下で苦しんできた経験に基づく政策が、この白書である。だが、現体制が不合理と非能率を多分に抱えているにしても、いささか大胆すぎる感じが否めない。

ことに民進党は少数与党なのだから、こうした体制変革を実行するためには、多数野党や学界、言論界などとの間でまずコンセンサスをまとめる必要がある。最終章のインタビューで陳水扁が言っている通り、各界の代表を集めて改革会議を開き、二年以内に大まかな決定にまとめるという手順が、注文通りに進むとはとても思われない。野党が反対し、廃止される形になる国民大会の代表は、地位を失いたくないから猛反対することも目に見えている。容易なことではないだろう。

「黒い金」追放も、民進党にとっては是が非でも成し遂げたい政策である。民進党政権が実現したのは、民進党なら必ずこの問題を解決してくれるだろうという市民の強い期待があったから、といういきさつもある。これに関する「白書」によれば、次のような方法で「黒い金」問題に手をつけるのだという。

・総統が特別検察官を任命して、この問題を専門に担当させ、被疑者を訴追してゆく。

・「黒道《ヘイダオ》」(暴力組織)の構成員だった者は、選挙に十年間立候補できないこととする。

・法務部調査局が大がかりな犯罪組織や「黒道」とつながりを持つ政治家を洗い出し、証拠がある者は起訴する。

・独立した金融検査委員会を設置し、金融体制の透明化と政界・実業界の癒着防止を進める。

これも、暴力組織の政治介入を目の当たりにしてきた民進党ならではの政策である。ただ、「黒い金」は正義感をもってすれば何とかなる、という種類の問題ではなく、台湾の社会と政治にビルトインされた根深い弊害である。軍隊なども「黒い金」のネットワークにがっちりと組み込まれているのが現状であり、検挙・監督の制度を設けただけでは、そうしたネットワークを解体させることは難しい。新政権としても宿弊を短期間で片づけられるとは思っていないだろうから、とりあえず解決への端緒をつかみ、少しでも目に見えた成果を挙げられればまずまず、というのが正直のところであろう。

筆者が国民党の有力ブレーンの学者数人と会食したさい、先方は「陳水扁はきれいなことを言っているが、彼だって権力を握ればすぐ金まみれになる。彼が実質的に主宰している財団にしても、すでに不明朗な部分がある」と言っていた。国民党が金権体制の中にどっぷりつかり、その中で利権を享受してきたことがわかるような話であった。民進党政権は、その一部でも「黒い金」ネットワークに取り込まれるようなことがあったら、間違いなく命取りであろう。

対中国応酬の始まり

中国政策は、「公民投票による台湾共和国樹立」を綱領でうたう民進党にとっては、最も扱いに苦慮する問題である。それと同時に、陳水扁が選挙戦中に何度も繰り返した通り、「民進党は、国民党のように共産党と怨念のしがらみがない。その分だけ自由で取り組みやすい」面は確かにある。民進党は、中国政策が弱点であることを当然のことながら承知しており、ここ数年は外国の専門家を招くなどでかなり勉強してきている。「中国白書」は、そうした研究のエッセンスとも言うべきものであるが、最終章のインタビューでその核心部分を陳水扁が自ら説明しているので、ここでは繰り返さない。

インタビューでは触れられていないが、陳水扁は総統就任（二〇〇〇年五月二十日）までの間に中国を訪問したいと、何度も繰り返してきた。実現性は少ないにしても、意欲のほどはわからないでもない。ただ、民進党の中国政策すべてに、中国が善意を示すこと、という大前提がついていることは、注意しておかねばならない。中国が善意を示すというのは、軍事力行使をちらつかせたり、アメリカや日本に台湾の孤立化に協力するように迫ったりしない、ということである。

現実問題として、中台関係のような長く敵対が続いてきたケースでは、どちらかが力を誇示することを意識的に避けるのは難しい。力を背景にして対話や交渉を有利に進めようとするのが、むしろこのような場合の当たり前のケースである。中国のように、自国のロジックで正義と見た場合には、一九七九年の対ベトナム「懲罰」戦争のような実力行使をあえてする国が相手では、善意を強調しすぎるのはかえって非現実的であろう。

もっとも、インタビューに現れている陳水扁流の中国アプローチには、まず「三通」などの経済関係の正常化から手をつけ、共通した利害があることをある程度確認し合ったうえで、徐々に対話と和解に進もうという現実的な発想がうかがわれる。民進党の中国政策もずいぶん進歩したと、アメリカや中国の一部にさえ評価する向きがあるのは、そのようなことのためである。

民進党に対する中国の態度は、一貫してかなり厳しいものであり、「台湾独立を目指す危険な政党」という観点に貫かれてきた。二〇〇〇年総統選が終盤にさしかかったあたりからは、民進党を狙い撃ちして、陳水扁の当選を阻止しようとする姿勢が、時を追って露骨になっていった。

二月二十一日に中国政府台湾弁公室が、明らかに総統選を意識して発表した「一つの中国の原則と台湾問題に関する白書」では、中国が「武力行使を含むあらゆる果断な措置」をとることが想定されるケースとして、新しく第三の「もし」が加わった。従来は、台湾がいかなる名目でも独立を図った場合、及び外国が台湾を占領した場合という二つの「もし」だけであったのに、台湾が統一交渉を無期限に拒絶し続けた場合、という想定ケースが付け加えられたのである。

形の上では、候補者全員への警告のようになっていたが、「公民投票による台湾独立」を綱領にうたっている民進党がとくに狙われたと受け取られたのは、むしろ当然のことである。国民党はこのチャンスを喜んで利用し、「経験もチャンネルもある連戦なら、中国問題は安全」というコマーシャルや新聞広告を頻繁に流し、独自の世論調査では「陳水扁の支持率が下がった」という情報をメディアに提供した（『台湾日報』00年3月4日付）。

三月に入り、相変わらず陳水扁が有利に選挙戦を展開するのを見て、北京から発射される「言葉の弾丸」はますます頻繁になってゆき、民進党狙い撃ちの意図を隠さなくなった。六日の中国軍機関紙『解放軍報』に至っては、「一貫して台湾独立を主張してきたボスが、大陸側と『善意で和解し、積極的に協力し、永遠の平和を実現する』などとうそを言っている」と、陳水扁の発言をそっくり引用して非難した（『読売新聞』00年3月7日付、北京電）。極めつきは、投票日三日前に中国首相の朱鎔基が、独特の険しい表情と厳しい口調で述べた念押しの発言であった。「〔台湾の総統選で〕誰が当選しようと、いかなる形式の台湾独立も許さない」「中国人は、鮮血と生命をもって祖国の統一と民族の尊厳を守る」と言い放ったのである。

結果としては、中国のこうした口頭での脅しは、すべて徒労であった。選挙が終わった後の中国側の態度は、むしろ一挙に沈静化したかに見える。当選した陳水扁に新たに注文や要求を突きつけるような気配もない。

投票終了の夜に発表された国務院と中国共産党の台湾弁公室の声明は、「いかなる形式の『台湾独立』も絶対に許さない」ことを繰り返した後、「台湾の新しい指導者の言行を観察する」「一つの中国の原則に賛同する台湾のすべての党派、団体、人士との間で、両岸関係と平和統一について意見を交換することを望んでいる」と、静観する態度を示した。

民進党政権の誕生が現実になった以上、中国は陳水扁を相手にして対話と交渉をする以外に手はない。一方の陳水扁は、民進党の中央常務委員を辞め、党活動にもたずさわらないことを発表した。民進党のドグマから切り離されたところに身を置くことによって、中国政策のフリーハンドを確保しようとしたのである。差し当たりは、双方ともに賢明で冷静な選択をしたと言えるであろう。

悪性循環と好材料

国民党から民進党への政権交代は、中台間の準公式対話が中断したままの厳しい状況の中で行われることになった。この方面には経験のない陳水扁にとっては、難しい条件からのスタートになったわけだが、最悪に近い状態からの出発であるから、考えようによっては「中台関係はこの後良くなるしかない」相対的に得な立場にあると言える。彼にとって幸いなのは、米台関係が当面好ましい状況にあることである。中国に対するどちらかと言えば厳しいアメリカの態度は、少なくとも二〇〇〇年十一月の大統領選挙までは続くであろうから、陳水扁新政権からすれば、対外的にはそんなにやりにくいという環境ではない。

二月の中国の「台湾問題白書」によれば、中国が台湾に新しい「武力行使を考慮する条件」を付け加えたのは、一九九九年七月に李登輝がいわゆる「二国論」を唱えたからであるという。さらにさかのぼって、その年六月に出版された李登輝の著書『台湾の主張』の中で、いわゆる「七塊論」を唱えたからでもあるという。台湾が中台間の了解事項を無視するなら、中国も黙ってはいない、というわけである。この状態は、まさに悪性循環であり、この循環をどこかで断ち切ることができるような見通しは、いまのところない。

「二国論」とは、ドイツのラジオ局とのインタビューで李登輝が示した中台関係の現状規定である。長い応答の中で、彼はこう言っている。

「一九九二年の憲法修正に従い、総統と副総統は台湾人民の直接選挙で選出されるようになった。その結果として構成される国家機関は、台湾人民のみを代表し、国家権力の正当性は、台湾人民によってのみ授けられるようになり、中国大陸人民とは完全に無関係である。一九九一年の憲法修正以来、両岸関係の性格はすでに国と国、少なくとも特殊な国と国との関係となった」

要するに、それまでは中台双方が「一つの中国」をそれぞれ自分流に解釈することにしていたのだが、もはやその方式はとらない、というのである。また「七塊論」とは、李登輝と日本の出版社との座談を記録した本の中に書かれている一種の放談であり、彼はこう言っている。

「理想的なことをいえば、台湾は台湾でアイデンティティを確立し、チベットはチベットで、新疆は新疆で、モンゴルはモンゴルで、東北は東北で自己の存在を確立すれば、むしろアジアは安定する。中国は広大な大中華から脱して、七つくらいの地域に分かれて互いに競争した方がよい」(『台湾の主張』PHP研究所)

この種の放談にまで中国がこだわるのは、神経質すぎるようにも思われるが、ともかく中国はもはや李登輝は骨の髄から分裂主義者だから、対話の相手にする気はない、というのである。李登輝の側近筋によれば、李登輝が「二国論」をあえて打ち出したのは、アメリカのクリントン大統領が一九九八年六月に訪中したさい、いわゆる「三つのノー」を口頭で表明したからであったという。

ことに李登輝がこだわったのは、「三つのノー」の中で、台湾独立不支持と並んで「二つの中国や一つの中国・一つの台湾を支持しない」こと、「主権国家で構成する国際機関に台湾が加盟することを支持しない」ことまで約束してしまったことであった。これでは、中台が「一つの中国」をそれぞれ自分流に解釈する便法を認め合うような智慧を働かせても、アメリカが横合いからぶち壊すようなものである。つまりはアメリカが中国流解釈の「一つの中国」を受け入れたということであり、これでは台湾は立つ瀬がない。李登輝がアメリカなどと全く事前の相談をせずに「二国論」を示したのは、米中両方に対する異議申し立てであったというのである。

アメリカは、「三つのノー」がやりすぎであったことを、最近後悔しているフシがある。中国が「台湾白書」を発表した時、ほとんど間髪を入れず、ホワイトハウスが「いかなる武力行使あるいは威嚇行為にも反対」であり、「台湾に対するいかなる脅威あるいは攻撃行為も、アメリカは重大な関心事である」と、厳しく切り返したことにも、それが現れている。それだけでなく、中国が台湾の総統選にしきりに言葉の圧力をかけるのを見て、クリントンは「台湾海峡における対立の平和的な和解」を呼びかけたのに加え、「台湾人民の同意」を得た上での和解でなければならない、とまで述べたのである。

クリントンは「三つのノー」の口約束を、別の形で埋め合わせして、中国寄りに傾きすぎたアメリカの立場を台湾寄りに、少なくとも中立の位置まで戻そうとしているように見える。台湾の当局筋も、そのような解釈で差し支えないと言っていた。

結局のところ、陳水扁政権のスタート時点では、中国は台湾との関係がさらに悪性循環を繰り返すことに多少とも不安を覚え、アメリカは中国のペースにいったんはまりかけた状態から、中立の立場に戻ろうとしている。台湾がどう対応するか、かなり複雑で難しい判断が必要だが、そこのところはアメリカを頼ることもできないから、独力で困難を切り拓いていくしかない。

アメリカの特使として三月二十二日に台湾を訪れたハミルトン元下院外交委員長は、翌日李登輝のほか陳水扁と直接面談していった。台湾の新聞が転電した『ワシントン・ポスト』の報道では、ハミルトンは陳水扁の印象を「聡明でよくできた弁護士だ。慎重でまともだ」と話したということで、『ポスト』紙はクリントン政権が陳水扁への見方を「百八十度転換した」とする記者の観測を合わせて伝えた（『中國時報』00年3月26日付）。こちらの方面でも、陳水扁は順調に滑り出したようである。

第2章

受難と再生

民進党の前史

1980年３月10日，美麗島事件の軍事裁判に笑みを浮かべて出廷する施明徳。(提供＝聯合報)

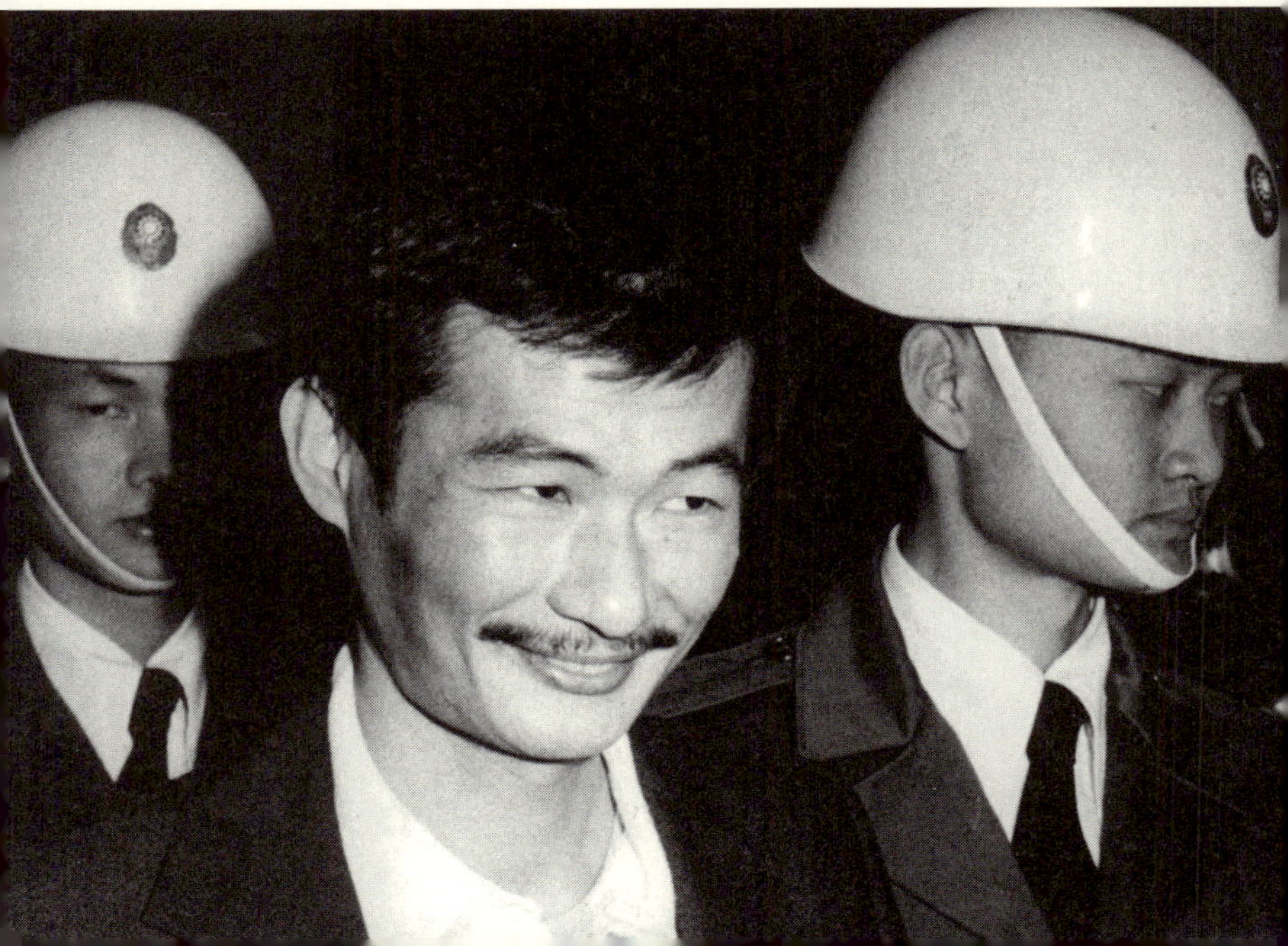

民主進歩党が結党を宣言した一九八六年九月二十八日は、台湾の在野勢力の宿願が最終的に実を結んだ記念すべき日であるにしても、民主化に向かう大きな潮流の中で見た場合には、単に一つの通過点でしかなかったと言うこともできる。

この政党の歴史は、その日から二〇〇〇年総統選挙までで数えるとまだわずか十三年半でしかないのに対して、戦後台湾に生まれては消え、消滅しては蘇生した多種多様、種々雑多な民主化組織が野党を結成するまでに費やされた年月は、ざっと三十九年半である。決して短い歳月ではない。膨大な犠牲と深い屈辱を繰り返し経験し、一九八〇年代も半ばを過ぎたあたりになってようやく、野党の誕生はもはや不可避だという趨勢がつくり出されるに至った前史の方が、結党以後の歴史よりちょうど三倍ほども長かったのである。

次章で触れる通り、非公開の新党発起人会の席で結党が宣言された当日のいきさつだけを見ると、偶然のはずみや居合わせたリーダーたちの思いつきが積み重なって、事前のタイムテーブルが結果的にあっさりと数か月繰り上がってしまった、ということのようである。その事実を裏返せば、些細ないきさつやリーダーたちの思惑がどのようなものであったにしても、実質的に台湾最初の野党が遅かれ早かれ誕生することは、当時もはや押しとどめられない既定の時流になっていたのだ、と言えはしまいか。

戒厳令下にあって国民党があらゆる暴力装置を握り、必要とあればいつでも在野組織の息の根を止めてしまうことができた、そして現実にも何度もそうしてきた、そうした戦後台湾の状況では、体制を根本から批判する勢力が政党を結成しようとする行為自体が、通常の民主国家でのようにありきたりの政治手続きではあり得なかった。

それは、自分と家族と仲間たちの生死を常に脅かす無謀な企てであり、場合によっては潜在的な支持者にまで危害が及ぶ恐れさえ十分にある危険な試みであった。実際にも、おそらくは十万人オーダーの台湾人が、時には大した証拠も自己弁護の機会もないままに、そのような危険な企てに加わった「罪」を問われて生命を奪われている。

それだけに、民進党にとって三十九年半にわたった自らの前史は、重く痛切な意味を持つのである。

1　原体験としての二・二八事件

いもっ子の至福、そして失望

一九四五年八月十五日、日本の無条件降伏で植民地支配が終わった直後の台湾では、中国大陸の日本支配地域の一部で起きたような流血の報復は発生せず、国民党政府への権力委譲が本格的に始まるのを待つ空白の期間は、まずは平穏に経過した。十月初旬に接収の作業が開始されるまでの二か月間、台湾人は「光復」の至福に酔いしれながらも暴走することはなく、日本人も戦争に負けはしたが統治者だったプライドから自制し、「双方とも潜在的に精神競争の意識があって、協力して社会秩序を守ったり、台日庶民同士で慰め合ったり、互いにいたわったりした」（殷允芃編『台湾の歴史』藤原書店）。

台南居住の元教員・蔡徳本《さいとくほん》は、「光復」の数年後から台湾全土で吹き荒れた国府当局による反共白色テロの体験を日本語で自伝風に記した書物の中で、「祖国」への復帰を喜ぶ南部農村社会の当時の状況を、次のように描写している。

農民も商人も公務員も日雇い労働者も家庭の主婦も幼い子供も、そしてやくざまで、光復の美酒に酔いしれた。外へ散歩に出るときにも手製の国旗を忘れずに持って出たものだ。やくざやこそ泥棒さえ、忠義堂（民間自衛団）を結成し、日本警察なきあとの町の治安に一役買って出たくらいだから、犯罪は一挙にして零《ゼロ》になった観があった。……いもっ子〔台湾人〕にとって、天はまさに青天白日で、この世はこよなく美しく、希望に満ちていた。光復前よりずっと過酷な運命がすぐ近くで、彼らを待っているとも知らずに……。

（『台湾のいもっ子』集英社）

最後の一、二行に暗示されているように、台湾人は数か月もたたないうちにナイーブな希望を打ち砕かれ、「過酷な運命」に遭遇することになる。「新来の中国政府は『征服者』の態度で台湾を処遇した」（李筱峰『台灣史100件大事・下』台湾・玉山社）ために、行政、立法、司法、軍事は大陸から派遣されてきた接収要員に要所をすべて握られ、「祖国」から疎外されてしまったのである。

もっとも、中国奥地の臨時首都・重慶でこれに先立って進められた国府当局の接収の準備と計画自体は、決して疎漏だったわけではなく、むしろ周到かつ順調であった。台湾と澎湖《ほうこ》諸島が戦後には中国の領土に戻ることが確定したのは、米英中首脳がカイロ宣言を出した一九四三年十二月だったから、時間的な余裕も十分にあった。

カイロから重慶に戻った蒋介石《しょうかいせき》（一八八七～一九七五）は、国府の行政院と軍事委員会に台湾回収の具体的な方法を検討するように命じ、翌年四月には「台湾調査委員会」が設置されている。回収の段取りやその後の行政組織についても細かに計画が練られ、現地で幹部となる予定の百二十数人には、四か月間の速成ながら訓練も施された。訓練を受けた幹部予定者の中には、二〇〇〇年の総統選挙に国民党から立候補した連戦の父親・連震東も含まれており、後に台湾北部一帯を接収する責任者になった。

とりあえず台湾調査委員会の責任者をつとめ、日本の降伏とともに台湾行政長官兼警備総司令に任命されたのは、知日派で有名だった陳儀《ちんぎ》（一八八二〜一九五〇）である。彼は日本の陸軍士官学校と陸軍大学に学んで、もともと日本語には堪能であり、国府の福建省長時代には日中間のパイプ役として奔走した。日本の台湾総督府が一九三五年に催した「始政四十周年記念博覧会」を視察したのを含めて何度も台湾を訪れ、『台灣考察報告』という書物まで著した台湾通でもあった。

だが陳儀は接収では失敗に失敗を重ね、大規模で残虐な台湾人殺戮で恨みを買い、蒋介石にその責任を負わされて長官を更迭され、数年後の浙江《せっこう》省長時代に中国共産党との和解を説いたために捕らえられて、台北で銃殺という非業の最期を遂げることになる。いまでも「陳儀の時代がいかに無秩序で無茶苦茶だったか」を口を極めて罵る高齢の台湾人に出会うことがあるが、彼が接収の準備と実施を指揮する責任者になった人事そのものは、ごく順当なものであった（許介鱗『戰後台灣史記・巻一』台湾・文英堂出版社）。

陳儀は接収にあたって、台湾人の期待とは正反対の態度をとり、種々の外的要因も重なって、経済状態と治安は日本統治時代にまして劣悪な状態に陥った。それでも忍耐を続けてきた台湾人は、台北で発生した小さい偶発事件をきっかけに全土で暴動を起こし、国府当局は正規軍を投入して血の弾圧で応えた。一九四七年の二・二八事件がそれである。

この章で民進党の前史を略述するに際して、その起点をとりあえずこの二・二八事件に定めることにする。一つには、支配者として中国大陸から台湾に新たにやってきた外来者たち（いわゆる外省人）と、古くは十七世紀に大陸から移民として渡ってきた土着の台湾人（いわゆる本省人）との間に、この事件を契機に社会関係の決定的な亀裂（「省籍矛盾」、あるいは「族群対立」などと呼ばれる）が生じ、独自のアイデンティティーを追求しようとする台湾人にとって、この事件が痛烈な原体験になったと思われるからである。また一つには、台湾人による自決への欲求と抵抗の雛形が、原初的でかなり錯綜した形ながら、そこに見てとれるからである。

当然のことだが、「民主化」の意味をどのようにとるかによって、民進党前史の起点設定も異なってくる。日本植民地時代の武装抵抗運動や政治的権利を確保しようとした種々の合法的な民族運動から説き起こすような観点もとり得るが、ここでは採用しないことにした。戦前と戦後とでは、実現しようとする「民主」の内容も運動を仕掛ける対象も異なるし、民主化運動の展開を通してポスト李登輝時代への展望を試みるというこの本の本来の目的からは、あまりにかけ離れてしまうからである。台湾で出版されている民主化運動に関する書物も、このあたりに起点を据えるものがほとんどである。

奪う「祖国」

陳儀が実行した接収の手法は、行政長官への権力集中と、接収過程における徹底した台湾人排除の方針に貫かれていた。

台湾省の行政長官は、この段階では他の地方各省の主席と異なり、長官公署令を出したり条例や規則を制定したりできるほかに、中央の出先機関に対しても指揮監督権があった。しかも陳儀は省の警備総司令を兼務していたから、実質的には地方の独裁者といってもよく、陳儀を「土皇帝」(「土」は「地方」の意味)と呼ぶ者さえいたほどである。彼は、国軍と新任官僚が到着して一週間後の一九四五年十月二十四日に着任し、翌日の降伏受理の儀式で、日本の総督兼第十方面軍司令官から名実ともに絶大な権力をそっくり受け継いだ。

陳儀は、大陸の通貨でなく台湾銀行発行の通貨をそのまま使うことを申し渡し、大陸の大銀行の支店開設を禁止して金融を抑えると、翌月から独自の統制経済政策を次々に実行に移していった。日本時代の専売制度をさらに強化し、中小企業まで含めた八百二十二の日本企業を接収してそのうち七百以上を公営に変え、日本時代の物資統制組織を省の貿易局に改組した。こうして一挙に手に入れた経済の実権は、部下である大陸出身の国民党官僚に分け与えたのである。

人事面では、陳儀の故郷である浙江省の出身者と、福建省主席時代の部下で中枢を固め、高級官僚二十一人のうち台湾人は教育処副処長の宋斐如《そうひじょ》一人だけ(宋は後に二・二八事件で殺害されることになる)であった。長官公署の中級職員も圧倒的多数が大陸出身者であり、台湾省籍を持つ者はわずか五パーセント強、それも地元の生え抜きではない大陸生活の長い者(いわゆる「半山《はんざん》」)で占められた。

陳儀がこうした極端な差別的方針をとったことは、地元のインテリにショックと失望を与えた。生え抜き軽視の表向きの理由は、「台湾同胞は国語(標準中国語)ができないから」「台湾には政治面で人材がいないから」というものであったが、現実には伝統文化に深い教養のある高学歴のインテリが決して少なくはなく、それがみえすいた口実であることは明白であった。

市民レベルでも新来者の評判はすこぶる悪かった。英雄的であるべき「祖国」の兵士は実は二流以下の部隊であったために、見かけばかりでなく規律も劣悪で、宿舎の廟や学校は汚し放題こわし放題、若い女性をからかい、通りかかった犬を勝手に捕まえて食べてしまうという調子だった。兵士は風俗習慣が台湾と違うだけでなく電灯、水道、自転車といった近代的な設備や道具に無知な者が多く、接収に来た大陸人の一団に疑問を感じ始めていた台湾人は、心の中では新来者たちをあざ笑うようになった。台北の街ではこのころこんな笑い話がささやかれていたという。

あの兵隊さんたち、夜デパートに見物に行って、エレベーターが上がったり下がったりするのを驚いて見ているんだよ。もう何週間もずうっとそうしているんだ。ある兵隊が自転車を盗んだのだが、乗り方がわからなくて押して逃げようとした。みんなに追いかけられて、あわてて自転車をこごうとしたら、慣れないからどぶにはまってしまった。けしからん兵隊だがおかしいのでみんなで笑ったら、阿Qみたいにわめきながら逃げていったよ。

（陳婉真ほか『１９４７台灣二二八革命』台湾・前衛出版社）

特権を握った役人の腐敗も時が経つほどにひどくなり、地元民の間で「五子登科」（役人の得意はカネ、家、車、地位、女）というあてこすりの言葉がはやった。

だが中国大陸で内戦が激しくなると、台湾の市民生活はさらに深刻な影響を受けるようになった。まず、米や砂糖のような必需食品が欠乏し始めたことである。その第一の原因は、大陸の農業が内戦で大打撃を受け、食料の欠乏を補うために国府当局が台湾で米の強制買い上げをし、国策企業の精糖会社も台湾産の砂糖を大陸に大量に供給し始めたことである。第二の原因は、食料品を物資不足の上海あたりのヤミ市場に流せば容易に暴利を貪ることができたために、ヤミ商売がはびこったことである。一九四六年の砂糖生産量のうち台湾で消費されたのはわずか四・二パーセントであり、台湾は大生産地であるにもかかわらず砂糖が欠乏するようになった（前出『戰後台灣史記・巻一』）。

並行して物価も暴騰した。一九四六年一月から四七年二月までの間に台北では米が三・八倍、麵用の粉三・四倍、豚肉二・二倍、鶏卵は三・四倍になり、猛烈なインフレが島民を苦しめるようになった（クロード・ジョフロワ『台灣獨立運動』黄發典訳。台湾・前衛出版社）。もの不足に加え、行政長官公署が行政費の不足を補うために通貨を増発したためであった。

台湾人を極端に差別し、台湾の豊かな資源を大陸出身者だけで独占し、経済を急速に悪化させた国府当局のやり方を、市民は「接収」でなく「劫収」（強奪の意味。二語の中国語音が同じ）だと皮肉り、公署を「新総督府」と呼ぶようになった。光復の期待は失望へ、そして絶望と憤怒に変わっていった。本省人の外省人に対する不信感は、以後何十年も払拭できないほど牢固としたものになった。

陳儀の失政の原因は、本人の無能もさることながら、根本的には蒋介石の意図にあったという見方がある。もともと陳儀は統制経済の信奉者で、台湾に独自の社会主義型計画経済体制をつくり上げようという野望があった。地方政府としては例外的な巨大な権限を利用して台湾に「独立王国」を築く野心もあったかもしれない。だが陳儀は国民党の大ボスだった陳果夫・陳立夫兄弟と反りが合わなかったうえ、国府行政院を牛耳る宋子文《そうしぶん》の方針とも対立した。その宋の背後にいたのが蒋介石であり、蒋は内戦に勝つことを最優先させて、意図して台湾を踏み台にしようとした、というのである（前出『戰後台灣湾史記・巻一』）。

ありそうなことであり、もし蒋が戦術的に台湾を利用しようとしたのであれば、内戦に敗れた後に政権の移転先になる台湾の民衆の間に、拭い難い怨念の種を事前にまいたことになる。

流血から「七日民主」へ

一九四七年二月二十七日の夕方、台北の下町・太平通（現在の延平北路）の路上でヤミたばこを売っていた林江邁《りんこうまい》という中年の寡婦が専売局の取締官六人に見つかり、商品と売上金を没収された。それでは暮らしが立ち行かないからと哀願する寡婦を振り切ろうとして、取締官の一人が短銃の銃身で彼女の頭を殴った。寡婦は頭から血を流して路上に倒れ、気を失った。

後に数万人の死者を出すに至った二・二八事件は、こんな些細なもめ事が発端であった。下町で起きた些事が、すでに発火点に来ていた民衆の不満と怒りに火をつけたのである。ヤミたばこはもちろん専売制度違反だったが、安いので民衆に人気があり、急速に増えつつあった失業者の中にはヤミ商売で食いつなぐ者が少なくなかった。

通りかかった民衆に取り囲まれ、乱暴なやり方を難詰された取締官たちの一人が、逃げようとして短銃を発射した。流れ弾が悶着を見ていた男に当たった（陳文渓《ちんぶんけい》というその男と林江邁は数日後に死亡)。思わぬ成り行きを見て興奮した群衆は、近くに停めてあった専売局のトラックをひっくり返し、火を放った。夜八時過ぎ、武装警察官が駆けつけ、近くにいた人を「騒ぎを起こした疑い」で連行すると、民衆は今度は警察局に押しかけ、騒ぎはどんどん広がっていった。

翌二十八日。あちこちからデモ隊がドラや太鼓を鳴らしながら現れ、台北市内は朝から不穏な空気だった。専売局に抗議に集まった群衆は、そこが武装した警察官でがっちり守られているのを見て激昂した。建物の中から手当たり次第に書類などを路上に持ち出して火をつけ、逃げる職員をつかまえては殴りかかり、大混乱の中で死傷者が出始めた。

午後になると、五千人にふくれ上がった群衆が行政長官公署に請願のデモをかけた。待っていたのは公署の屋上からの一斉機銃掃射だった。その場で三人が即死。こうなると事態はもう収拾不能になり、台北市内は暴動状態になった。午後三時、台北に戒厳令が布告された。商店は全部店を閉じ、労働者と学生は一斉にストに入った。台北駅に近い現在の二・二八記念公園(当時の「新公園」)で集会を開いた群衆は、当時公園の中にあったラジオ局を占拠すると、事件のいきさつを説明して、全台湾人に決起を呼びかけた。

騒乱が短時間に全島に拡大し、全国的な事件になった点は、二・二八事件がその後の反体制運動と異なる特徴である。隣接する基隆市、台北県、新竹県にその日のうちに騒ぎが飛び火し、民衆と当局の対立は他の目ぼしい都市にも広がっていった。

事件のもう一つの特徴は、インテリと地方の有力者が当局を相手に交渉団をつくり、後にはこれに当局の代表も加わって、事件を民主的に処理する機構が一時的にではあったが成立したことである。

その端緒は、三月一日に中央・地方の代表が結成した「ヤミたばこ死傷事件調査委員会」であり、委員会は戒厳令の即時解除、逮捕された市民の釈放、官民共同の処理委員会の設立など五項目の決議をまとめ、即日陳儀に手渡した。

陳儀はひとまず和解的な態度をとった。処理委員会の設立や陳儀自身による全国放送といった要求には応じ、警察による発砲と挑発は控えることを約束したのである。

翌二日午後、台北の中山堂で「二二八事件処理委員会」の第一回総会が開かれた。大勢の一般民衆や学生が傍聴する中で、第二回からは労働者、学生、商業団体など民衆の代表を委員会のメンバーに加えることが決まった。市内でなお銃声が聞こえる不穏な状況ではあったが、この日の朝には学生の集会も開かれて、治安の回復と交通の正常化に協力することを決めた。街頭には中国語と日本語で「官僚資本を打倒せよ」「ブタ政府を倒し新台湾をつくろう」などと書かれた種々の団体のビラが張り出された。

わずか数日前とは社会の空気はうって変わり、当局と民衆の両方の代表がかわるがわるラジオ放送をするなど、全体に民主的な雰囲気が出てきた。ただ、中部の台中だけは相変わらず緊張状態が続き、戦前からの台湾共産党の党員・謝雪紅（一九〇一～一九七〇）らが「国民党軍を迎撃する」と称して、民衆の武装を進めていた。

事件発生から三日後の三月二日から八日まで一週間だけ続いたこうした状況は「七日民主」と呼ばれ、国府当局の到来以来苦しんできた民衆も期待を抱くようになった。

弾圧と喪失

処理委員会はそれからほとんど毎日会議を開き、必要に応じ代表が陳儀と面会して、事件の処理と政治改革について具体的な要求をまとめていった。地方にも同様の委員会が設けられ、五日には台中など一部を除いて混乱はひとまず収まっている。

委員会は最初こそ事件そのものの事後処理や治安の回復を協議するだけだったが、政治改革のような根本的な問題を提起する方向へ、次第に傾いていった。例えば五日には「組織大綱」を採択したほかに、八条からなる政治改革の草案を作成している。その中には、長官公署の幹部の半数以上は本省人を充てるとか、県長と市長は直接選挙制にするとか、ほかにも専売制度の撤廃、言論・出版・集会の自由の保証などが含まれていた。

次いで六日に委員会が発表した「全国の同胞に告げる書」は、「われわれの目標はあくまでも腐敗した官吏の粛清と本省政治の改革にある。そのための運動には外省人同胞の参加を歓迎する」とうたった綱領風の文書になっており、処理委員会は改革と民主化を追求する団体に様変わりした観があった（李筱峰『台灣民主運動40年』台湾・自立晩報社。邦訳=酒井亨訳『台湾クロスロード』日中出版）。

省級処理委員会の宣伝班長だった王添灯が起草し、全国級の委員会で七日に採択された「処理大綱」になると、当面の処理事項、根本的な事項に分けて、もっと大胆な要求がうたわれている。全四十二条の中には、例えば次のような要求が盛り込まれた。

・流血回避のために部隊の武装を一時的に解除し、憲兵や民衆組織などが共同で治安の維持にあたる。

・省政府の政治改革についてはすべて処理委員会と事前に調整する。
・台湾省自治法を制定し、省の最高法規とする。
・省の処長級（幹部）の三分の二以上は台湾に十年以上居住した者を充てる。

このような要求は、接収以来の台湾の状況に照らせばほとんど自治要求に近く、国府当局による台湾統治のやり方を手厳しく批判した内容でもある。それまで処理委員会に融和的態度をとってきた陳儀は、「処理大綱」には一転して拒否を表明した。激怒して「大綱」の文書を床にたたきつけたとも言われる。

実は陳儀は、「七日民主」が始まった当日にあたる二日に、蒋介石にあてて増援軍の派遣をすでに要請していた。「処理大綱」が採択された七日には、もうすぐ南京から大部隊が来るという噂が島内で流れ始めた。処理委員会に対する陳儀の物わかりのいい応対や戒厳令の一時解除などは、援軍が到着するまでの時間稼ぎだったのである。切実ではあっても最初から実現する見込みのなかった台湾人の願望が表明されただけで、「七日民主」の悲劇的な終幕が近づいていた。

八日夕刻、増援軍が基隆の港に上陸。それまでの融和的空気は一転し、血なまぐさい弾圧が始まった。ことに「反乱の陰謀を企てた」として弾圧の標的になったのは処理委員会のメンバーである。「処理大綱」を起草した王添灯は、要求が拒否されて政治改革と民主化の敗北が決定的になった七日夜のラジオ放送で、「処理委員会の使命はもはや終わった。今後この事件は処理委員会ではなく全省民の力でしか解決できなくなった。全省民が引き続き奮闘されんことを祈る」と悲痛なメッセージを残し、翌八日夜逮捕、殺害された。

鎮圧は残虐をきわめた。改革陣営に投じて逮捕された台中のある消防隊員は、大衆の面前でこんなやり方で殺された。

一台のジープが縄で縛りあげられた青年を引っ張って、街を引き回した。その後に、纏足《てんそく》のおぼつかない足どりで老女が泣きながら続いた。車上の兵士は残忍な笑いをもらすと、哀願を続けるその年老いた母親に銃口を向け、一発で撃ち倒した。精根尽き果てた息子が地上に倒れ伏してもジープはなお走り続け、駅前広場の「銃殺刑場」に着いた時、地上の青年は肉のぼろ切れになってこと切れていた。

（前出『１９４７台灣二二八革命』）

陳儀は九日に再び戒厳令をしくと、軍隊と警察を動員して民主化勢力を根こそぎにしていった。三月下旬からは「清郷」（地方を清める）と称して事件のシンパまで徹底的に洗い出し、わずかな抵抗の芽をも念入りに摘み取ってしまった。

翌年四月になって行政長官公署は廃止されて省政府に改められ、省政府委員の形で穏健派の台湾人が省の行政に参画する道も一応設けられている。だが、そのような微々たる前進と引き替えに民主化勢力が払わされた有形無形の犠牲は、想像を絶するものがあった。本省人総統・李登輝のもとで一九九一年に設けられた「二・二八事件研究グループ」の報告書などによる限り、事件による死者は二万人前後とされるが、一九五三年当時の政府統計では戸籍上の「行方不明者」は十数万人であり、そのかなりの部分が事件の犠牲者と推定される（前出『１９４７台灣二二八革命』）。

しかも中央や地方の「処理委員会」に加わったメンバーは社会的声望のある実力者、弁護士、医師、教員、記者、芸術家、それに学生などであり、戦前からの民族運動の活動家や左翼勢力も何らかの形で事件にかかわっていた。彼らは台湾人社会の中では当時最も知的レベルの高い人材であった。事件とその後の弾圧によって彼らは殺害され、投獄され、島外に逃亡し、台湾はエリート群をわずか数週間でごっそり失うことになった。その後一九五三年まで四年をかけて実施された蒋介石政権の土地改革で、農村の知的バックボーンでもあった大小の地主層（いわゆる「仕紳」）が没落したこととあいまって、これは在野勢力にとっては致命的な損失であった。

そうした目に見えた打撃に加えて見逃せないのは、台湾人が受けた心の傷である。ナイーブで自発的な改革運動が権力機構の圧倒的な暴力で容赦なく圧殺された体験に加え、「清郷」のさいに同じ台湾人の密告で罪に問われた者が少なくなかったことの衝撃もあって、政治問題に関わり合うのは危険だという意識や政治に対する無関心を生み出し、ひいては権威主義的な一党独裁体制を長続きさせることにもなった。

白色テロ、その背景

戦後台湾の民主化運動の歴史は、反国民党勢力による権利要求の盛り上がりと、暴力マシーンを動員した権力による弾圧が何度も繰り返された受難の歴史である。反国民党勢力はそのたびに手ひどい打撃を被り、次代の在野運動が勃興してくるまでの間、それなりの年月を費やさねばならなかった。ことに二・二八事件後に改革勢力が受けた打撃と屈辱は、後の民主化運動とは比較にならないほど深刻であった。この時期の権利要求運動に加わった台湾人の社会グループはインテリ、学生、左翼、さらには仕紳に代表される地方有力者など、幅は広くとも雑多であり、それだけ結束に欠け、決定的に経験不足だったこともあって、弾圧による傷を深くした。数か月に及んだ事件関係者の摘発が終わった後の台湾は重苦しい恐怖が支配する社会に一変し、「二・二八」を口にすることを、民衆はもちろん国民党当局でさえはばかったほどである。改革と民主を求める人たちにとって、まさに厳冬の時代の到来であった。

悪いことに、中国の国内情勢も台湾を取り巻く国際環境も、事件直後から数年間に大きく変容した。その結果として、台湾は住民の意思とは全く関係なく、反共と「大陸反攻」の基地に仕立てられることになった。

二・二八事件当時、中国共産党の軍隊となお激戦中だった国民党軍は、自らの腐敗と共産軍の巧みな作戦によって次第に劣勢に追い込まれ、蒋介石は一九四九年一月台湾に逃げ込んだ。国民政府の首都も戦況の悪化に従って南へ南へと移転し、十二月七日台北が「中華民国」の首都と定まっている。蒋介石の軍隊と政府が逃げ込んできたことで、当時六百万ほどだった台湾の人口に合計二百万もの非生産的な人口が加わった。すでに危機的状況にあった台湾経済はこれで壊滅し、物価は光復時の七千倍にはね上がった。

台湾の命運の転変は、それでもまだ終わらなかった。翌年六月に朝鮮戦争が勃発したからである。アメリカは内戦に負けた蒋介石政権の腐敗と無能にはサジを投げており、この年一月にトルーマン大統領が国府向け軍事援助の停止を、アチソン国務長官が台湾をアメリカの防衛ライン外に置くとする方針を発表していた。ところが冷戦の最前線・朝鮮半島で戦争が起きると、アメリカは台湾海峡の中立化、中国軍の台湾進攻阻止、国府向け援助再開へと、方針を逆転させた。

蒋介石は救われた。中国海軍の追撃を免れただけでなく、「大陸反攻」を声高に叫ぶことも、「共産主義に染まった反乱勢力」を台湾から駆逐することも、冷戦遂行の名のもとにすべて正当化されることになったからである。台北遷都前年の五月に憲法の付則として公布された「反乱鎮定時期臨時条項」は、「重大な変事における緊急処分」の権限を蒋介石に与えて総統の絶大な権力をさらに強化し、また一九四九年五月に発令された戒厳令は、警備司令部に民衆の権利を制限する法的根拠を与えた。

「反共反ソ」「大陸反攻」のスローガンにどんなに現実性がなくとも、また島内の民主化勢力と左翼が必ずしも同義語でなくとも、国府当局が「白色恐怖」と呼ばれた反共政治テロを発動するに足るイデオロギー上、地政学上、法律上の正当性は確保された。二・二八事件の二年半後に始まった白色テロでは、国家の安全と社会の安定を脅かすと特務機関に一方的に認定された「紅帽子」(社会主義者)「白帽子」(台湾独立論者)が大量に逮捕され、二・二八事件で暗転した台湾社会の雰囲気を一層暗くした。一九五〇年代いっぱい続いたテロによる処刑者は約二千人、重刑宣告者は約八千人と推定される。うち本物の地下共産党員らしき者は九百人にすぎず、残る九千人余は冤罪(故意を含む)か誤審の疑いが濃い(前出『台灣史100件大事・下』)。中国共産党の地下組織は、一九五三年三月に台北県の「軍事基地」が摘発されて壊滅したと考えられる(前出『台灣獨立運動』)。

第一世代の独立運動

初期の民主化運動の活動家の中には、二・二八事件と白色テロで抹殺・投獄された人たちのほかに、かろうじて海外に脱出し、台湾独立運動などに方向を転じた人たちがいた。

先述の謝雪紅ら左翼グループは、二・二八事件の発生後に中部で「二七部隊」を組織し、三月半ばまで国府軍に武力で対抗したものの、山岳地帯に追い詰められて解散した後、謝ら一部が香港に脱出した。彼らは雑誌『新台灣叢刊』を発行して社会主義による台湾解放をめざしたが、もともと支持者はさほど多くなく、白色テロの嵐で国内の支持者をすべて失ってしまった。謝雪紅は一九四九年三月社会主義中国に赴き、人民政治協商会議の主席団員にもなった。後の極左時代の不遇の中で、七〇年に死去している（彼女の名誉は死後十年経ってから回復された）。

後代の台湾の民主化運動にいろいろな意味で影響を残したのは、主として日本に亡命して台湾独立を唱えた別のグループの方である。この時期の台湾独立論者たちは、それぞれに強烈な個性と独自の主張を持つ人物ぞろいであったが、独立の論理がそれぞれ微妙に異なり、リーダー間の関係は概して良くなかった。そのために海外の独立運動は常に小組織に分立し、大きくまとまらなかった。

初期の独立論者の中で最も著名な一人に、一九五六年の二・二八事件記念日に東京で「台湾共和国臨時政府」の成立を宣言した廖文毅《りょうぶんき》（一九一〇〜一九七六）がいる。台湾人好みのきらびやかな学歴と顕職歴の持ち主で、祖国崇拝から連邦制へ、さらに独立へ主張を変え、激越な独立論者だったのに最後には獄中の肉親の懇願を容れて十八年ぶりに突然帰国し、当局に投降した。体質は金持ち仕紳階級だとする辛口の評価もある（リンダ・アリゴ『激盪！　台灣反對運動總批判』王耀南ら訳。台湾・前衛出版社）。

二・二八事件後、「反乱を扇動した」かどで追われているのを知って香港に脱出、「台湾再解放連盟」を結成したころの廖は、台湾は当面国連の管理統治とし、独立の可否は国民投票によって決定すべきだと主張していた。同じころ香港に逃げてきていた謝雪紅とも接触があったが、国連管理の主張を「アメリカの陰謀」と批判されたことがあり、左派と独立派の両雄は仲が良くなかったらしい。

廖文毅の同志だった黄紀男（一九一五〜　）は独立運動歴では廖に先んじており、二・二八事件の前年に「台湾をスイス並みの中立国家にする」意見書を国連に提出している。事件の発生で独立の主張の正しさに確信を深め、廖の「再解放連盟」の台湾支部メンバーになった。白色テロの中で逮捕されてから三度投獄され、闘士としての生涯の大部分を獄中で送った。

彼ら亡命者にとっては海外の日本でさえ安全な場所ではなく、廖文毅の「臨時政府」の「東南アジア移動大使」だった陳智雄（一九一六〜一九六三）の場合、東京で国府の特務機関に誘拐され、袋詰めで送還されて後刑死した。省政府の高官ポストで誘われても動じず、処刑に臨み「台湾独立万歳」を叫んだ烈士として名を残した。

二・二八事件後の東京には、こうした闘士型の独立論者以外に、政治的野心の全くない学究型、文筆家型の独立論者もいた。雑誌『台湾青年』を主宰し、『台湾——苦悶するその歴史』の名著を残した王育徳（一九二四〜一九八五）、珍しくマルクス主義者で一匹狼的存在であり『台湾人四百年史』を書いた史明（一九一八〜　）らがそれで、二人は思想を通じて次世代の独立運動家に闘士型人物以上に思想面で深い影響を残している。

一九四〇年代末から五〇年代に活動し、台湾独立運動の第一世代にあたる彼らは、廖文毅がそうであったように二・二八事件のために海外に逃亡せざるを得ず、その他いろいろな意味でこの悲劇の影を引きずっていたことは確かである。だが実際にはこの事件そのものが独立運動を開始した直接の動機になったわけではなく、国民党が中国内戦の敗者であることを認めようとしなかったこと、台湾で民主政治を進める意思を持たなかったことこそが、独立運動を発生させた真の動機だったとする所論がある（前出『台灣獨立運動』）。

二・二八事件の発生いかんに関係なく、国民党外来政権下では必ず独立運動が起きたとするこの見方は、史明のように二・二八事件を体験しなかった人物でも独立運動の精神的指導者たり得た事実と符合する。「共産党反乱分子」の存在や「大陸反攻」のスローガンがとっくに神話になった後も、なお白色テロを続行しなければ安心できなかった当局の強迫観念、その背後にあった社会主義中国への恐怖心、結果としての特務全能型権力の形成、それらへの反作用こそが、台湾独立運動の発生を促した真の要因ではなかっただろうか。

2　タブーに挑戦した先駆者たち

『自由中国』と雷震の投獄

朝鮮戦争が戦われた一九五〇年代、ベトナム戦争が拡大していった一九六〇年代は、社会主義陣営と自由主義陣営とがアジアでも激しく勢力を競い合った時代である。同時に、東アジアの一部で輸出指向型の経済発展が試みられ、アメリカの巨大な政治力と底知れぬ経済力の庇護のもとで、その試みが成功を収め始めた時代でもあった。

この時期の台湾は、その両方を体現する場所となった。とりあえずこの島に居を定めた「中華民国」は時代の趨勢にすすんで順応し、情け容赦ない強権の行使という手段をも借りることによって、政治的には安定し、経済的飛躍の基礎を築いた。だが政治体制が安定すればするほど、また冷戦下で社会主義中国との対峙関係が固定すればするほど、国民党当局が唱える「大陸反攻」の金科玉条は説得力を失い、権威主義的な手法の妥当性が疑われることは避けられなくなる。

結果的に三十八年間続いた記録的な長さの戒厳令をもってしても、住民による政治的意思の表出を一〇〇パーセント封じきることはしょせん不可能であった。皮肉なことに、当局が一方的に押しつけたタブーに最も早く挑戦を試みたのは、国民政府と一緒に台湾に渡り、権力者集団にとっては仲間筋にあたる自由主義者たちである。

二・二八事件弾圧と白色テロの恐怖で本省人が政治に口を閉ざした後も、外省人が反共自由主義を語り鼓吹することは、十分可能であった。そうした場を提供したのは、一九四九年十一月に創刊された半月刊雑誌『自由中国』である。創刊の中心人物になった雷震《らいしん》（一八九七～一九七九）、アメリカ在住のまま発行人を引き受けた胡適《こせき》（一八九一～一九六二）、創刊号以来長く熱心な執筆者になった殷海光《いんかいこう》（一九一九～一九六九）らは、みな戦前から中国大陸では知られた反共自由主義の論客であった。

最初『自由中国』は国民党の宣伝雑誌のはずだったらしく、一九四九年四月大陸の浙江省に滞在していた蒋介石が、訪ねてきた雷震に発刊の許可と援助の約束をじきじきに与えている（任育徳『雷震與台灣民主憲政的發展』台湾・政治大学歴史学部刊)。ところが、朝鮮戦争の開始とアメリカの台湾テコ入れで国民政府生存の危機が去ると、当局はこの雑誌に冷たくなる。五二年まで出ていた補助金が打ち切られた後、党とは関係のない民間雑誌になった『自由中国』の論客たちは、かえって本来の批判精神を取り戻すことになった。

情報要員の怪しげな行動や国民党直系青年団体の教育介入などを槍玉に挙げた記事を載せたために、一九五四年雷震は国民党籍剥奪、他の執筆者も公職解任。蒋介石七十歳の五六年には、「各界の建言を聞きたい」という蒋の発言と「理屈よりも現実の批評を重点にする」という胡適の激励を受けて、最高指導者の専横を戒める論文や軍隊のあり方に対する提案などで、国民党全能の当時としては大胆な特集を組む。まだ控えめながらもタブーに挑んだこの号は大いに売れたが、当局からは「雷震は私欲のために共産党の統一路線に手を貸している」と攻撃された。

このあたりから雷震の言論は国民党流の憲政、つまりは独裁体制そのものに対する懐疑論の色彩を帯び始め、一方で穏健な本省人地方政治家との結びつきを深めるようになった。一九五七年はその節目になった年である。

この年四月の地方選挙では、台湾生まれの文化人、元抗日活動家らの「党外候補者聯誼会」が生まれ、国民党が選挙を恣意的に操らないよう求める提案をし、政治に関心を持つ台湾人有志の集会を開いたりもした。国民党以外の政治勢力を意味する「党外」という用語が使われ始めたのである。一方『自由中国』は、この年初めの「野党問題に関する宿弊を略述する」という論文を手始めに、国民党に対抗する野党の必要性を論じた一連の論文を載せ、本省人の政治運動を援護した。

雷震は大陸で『自由中国』創刊の構想をあたためていたころ、民主主義にはチェック・アンド・バランスが必要だという当時の中国にあってはかなりリベラルな観点から、「自由党」の名で野党をつくることを企図したことがある（許介鱗『戰後台灣史記・巻二』台湾・文英堂出版社）。新たに唱えられた野党論は、国民党への期待を断ち、民衆の支持に立脚した政党をつくろうというもので、かつてとは観点が全く異なっていた（前出『雷震與台灣民主憲政的發展』）。

選挙の結果、反国民党勢力が予想外に進出し、省議員に当選した女医の許世賢（一九〇八～一九八三）ら六人は「五龍一鳳」と騒がれた。勢いづいた『自由中国』は、選挙後から翌年にかけて「今日の問題」というタイトルの社説を連載し、その二回目では、「大陸反攻」は短期的に実行不可能である以上、これを根拠に当局がやることすべてを正当化すべきでないと論じて、国民党最大のタブーに切り込んでいった。

雷震ら自由派にとって、野党の結成は現実としても論理的にも、もはや夢物語ではなくなった。『自由中国』が「新党運動を積極的に展開しよう」と呼びかけ、台湾人在野勢力の方は「中国地方自治研究会」を組織するという具合に、双方はずみがついた。一九五八年半ばには、帰国した胡適の命名で「中国民主党」結成の内々の申し合わせができた。

一九六〇年に行われた地方選挙は、野党結成を決行するチャンスと思われた。五月に在野勢力が結集して設立された「民主人士聯誼会」は、六月に発表した「一千字宣言」で、省籍と党派に関係なく民主を目指す人士が結束して新しい政党を結成し、一党独裁を永遠に根絶しようと訴えた。新党の発起人に名を連ねた雷震は、翌々月になると新党を九月末に発足させる方針を公言している。

大陸出身エリートの言論と台湾地つきの政治家の選挙運動が新党に合流するのは必至と見た国民党当局は、まず個人事業への嫌がらせで台湾人政治家グループを揺さぶり、雷震には機関紙『中央日報』などで警告した後、一気に弾圧に出た。九月四日、雷震ら四人を「共産匪賊に味方した宣伝」などの罪で逮捕。『自由中国』は即日発刊停止。「大陸反攻は当面不可能」とする議論が反体制宣伝と見なされたのである。肉親の抗議や胡適の奔走にもかかわらず、雷震は軍事裁判で懲役十年を宣告され、投獄されてしまった。

彭明敏の「台湾人民自救宣言」

民主党創党キャンペーンをリードした国民党出身の外省人文化人は、議論は先鋭でもやはり大衆とはかけ離れた存在であり、大衆との距離は近いはずの本省人の地方政治家は、士紳階層の出身者ばかりで民衆と必ずしも利害を共有していたわけではない。特務監視下の恐怖政治体制が一九五〇年代前半ほどの厳しさではなくともなお継続していた状況の中では、台湾最初の野党結成運動は、しょせん強大な権力機構の敵ではなかったのである。

ただ、大小強弱の差こそあれ戦後常に存在した反体制グループのリーダーとしてインテリが担ってきた啓蒙的役割は、ことに後の民主化運動に残した影響という面を考えると、軽視できないものがある。雷震の場合はかつて国民党の中枢にもいた外省人という特殊な存在であったうえ、一九七〇年に出獄した時には七十二歳の高齢だったから、その後は蒋介石に単独で意見を提出したり、後に民進党の主席となる施明徳（一九四一～）らと個人的交友を結んだ以外、一九六〇年代以降は先駆者として影響力をふるうことはなかった。

彼と対照的に、組織的な運動を全く伴わなかったにもかかわらず、ごく少人数で国民党政権打倒の呼びかけを起草することで一躍ヒーローになり、いまなお現役の長老として発言力を保っている人物に「台湾人民自救宣言」の中心的存在だった彭明敏《ほうめいびん》(一九二三〜)がいる。

彭が台湾大学法学部教授だった一九六四年、優秀な後輩の謝聡敏《しゃそうびん》、魏廷朝《ぎていちょう》と議論を戦わせた末に完成したこの宣言は、民主運動の真空期に書かれたものとは思えないほど先見性に満ち、正確な現実認識に貫かれ、いまでもなお新鮮な訴求力を感じさせる。「一つの堅固な運動がいま台湾で急速に展開されつつある。それは共産党による統治を望まず、蒋介石によって容易に壊滅させられることもあり得ない台湾島一千二百万人民の自救運動である」という一文で始まる宣言は、八つの大項目を持つかなりの長文であり、その中に次のような鋭い指摘や主張が盛られている。

・「一つの中国、一つの台湾」は、すでに鉄の如き事実になっている。世界の諸国は中国を承認しているか否かにかかわりなく、その事実を受け入れている(第一項)。

・「大陸反攻」は絶対に不可能である。それは蒋介石が政権を維持し、人民をこき使うためのスローガンにすぎない(第二項)。

・台湾人と大陸人が誠心誠意協力し合い、相携えて蒋介石独裁をやめさせ、民主政治を実現することを、蒋介石は終始警戒している(第四項)。

・われわれが主張する目標の一つは、自由世界の一員として国連にあらためて加盟し直し、平和を愛するすべての国家と国交を結ぶことである(第七項の甲)。

ここに見られるのは、自由主義的な理想と原則に立った雷震ばりの主張であるよりも、台湾人と当局が見据えるべき現実の明快な認識である。その中には、台湾が中国とはすでに別個の政治実体であるという事実認識が含まれており、それは後に李登輝が主張する「二国論」につながってゆくものでもある。さらに、省籍矛盾を強調するのではなく本省人と外省人の協調を求めている点も、外省人の支配体制下ではなかなかユニークである。

彭明敏の回想録によれば、三人が彭の自宅で台湾の内外情勢について話し込んでいるうちに、こういう有益な話をもっと多くの人に聞いてほしいということになり、それがきっかけで数か月でまとめたものだった。たくさん印刷して全島にばらまけばきっと賛同が得られるだろうし、出所をくらますこともできるだろうと思った、という(彭明敏『自由的滋味』台湾・李敖出版社)。

優秀な学究の頭で宣言にまとめただけだったから、大衆運動を仕掛けるような意図も組織ももともとありあったわけではなく、だからこれほどのんきに構えていられたのであろう。しかしこのような内容の「宣言」は、この時代ではまぎれもない危険文書であり、無事に済むはずがなかった。一万部印刷し終えた三人が宿舎で一息入れているところに踏み込まれ、一網打尽になった。宣言を印刷したもぐりの印刷所に密告されていたのである。

彭は翌年反乱罪で懲役八年の判決を受けたが、内外で著名な学者の投獄に同情と釈放要求が寄せられて、彼は十一月に特赦で出獄、一九七〇年に海外に脱出し、以後二十二年間亡命生活を送った。九六年の初めての総統民選には民進党の公認で立候補した。謝聡敏は九八年の立法院選挙で落選するまで、長く民進党の立法委員をつとめている。

文化雑誌と独立運動の展開

雷震らの逮捕と『自由中国』の発禁で、民主党結成運動がなし崩しに消滅した後、一九六〇年代の台湾は組織的な反体制運動がほとんど存在しない空白期を迎える。南部・嘉義の許世賢、東部・宜蘭の郭雨新（一九〇八～一九八五）ら在野の穏健人士は雷震事件に連座することを免れ、その後も地方選挙で国民党批判をやめなかったが、微力に終始している。

民主化運動の第二の真空時代とも言うべきこの時期に、限られた範囲ながらその批判的言論によって社会的影響を残したのは、一九六〇年代前半までの『文星』と、六八年以降の『大學』という二つの雑誌である。ことに『大學』誌上では次の時代の民主化運動を担う若い俊英が筆を競い、一九七〇年代に活躍する基礎を築いた意味が大きい。

一九五七年に文芸雑誌として創刊された『文星』は、『自由中国』誌上で国民党批判の論陣を張った殷海光が加わって思想的な後ろ盾役になり、さらに六一年に、二〇〇〇年総統選で「新党」公認候補になった当時若年の文筆家・李敖《りごう》（一九三五～　）が執筆陣に入ってから、一般的な文化問題以外に政治や社会、さらには人権問題をも論じるようになった。李敖が中国伝統文化批判の立場から国民党要人を次々に攻撃し、著名な牧師だった李声庭が欧米流の民主・人権思想を紹介しつつ婉曲な当局批判を展開するだけでも、学生やインテリにとっては刺激的な痛快事であった。

そうした論説を当局が放置しておくはずがなく、発禁や一時停刊を繰り返した後、一九六五年末に発行を停止。八〇年代に一時復刊したが、間もなく廃刊になった。編集人も執筆陣も外省人が主体であり、広く台湾人の共感を得るには至らなかった。

これに対し一九六八年初め創刊の『大学』は、最初三年ほどは経営の不安定な目立たない雑誌だったが、一九七一年に編集方針の変更とスタッフの入れ替えで張俊宏（一九三八〜）、許信良（一九四一〜）ら後に民進党の中枢を形成する人物（二人とも当時国民党員だった）となる若手が執筆陣に加わってから、内外の政治問題を論じる政論雑誌として注目を浴びるようになる。このころ副首相に相当する行政院副院長だった蔣経国（蔣介石の息子。一九一〇〜一九八八）が権力を狙うために若い俊英を取り込もうともくろみ、七〇年十月青年のリーダーを集めた会議で政論への積極的参加を促したのがそのきっかけであった。

『大學』がオピニオン・リーダーとしての役割を果たした好例は、一九七〇年に起きた釣魚島（日本で言う尖閣列島）の領有問題（いわゆる「保衛釣魚台運動」）、それに大陸時代に選出された議員で占められた国会を全面改選する問題であり、時には蔣経国の本来の意図を離れて先鋭な政治批判に踏み込むことが少なくなかった。その意味では、一九七〇年代の「党外」による言論の先駆けになったと言うこともできる。七三年に入り、そのような先鋭な議論の是非をめぐって内部対立が深刻になり、その年の末に休刊することになる。

二つの雑誌は、結局のところともにインテリ読者を対象にした、いわば机上の議論の場にはなったが、一九六〇年代に限って言えば組織的な民主化運動にはならず、蕭条たる政治風景を変えるには至っていない。これと対照的に、一九四〇年代末に始まった海外での台湾独立運動は、六〇年代以降主舞台が日本からアメリカに移ったことをきっかけにしてむしろ活況を呈し、分裂状態から結束に向かう傾向も現れてきた。

さきに記した通り、廖文毅ら独立運動第一世代は二・二八事件などの迫害の体験者が多かったために、独立のロジックも行動も性急になりがちだったのに対して、一九六〇年以降の第二世代は公費留学生が主体であり、理論武装の方に熱心であった。その理論の主たる根拠は、日本が領有を放棄した後の台湾は国際法的にはどの国家に帰属するとも決まっていないとする「地位未定論」であって、独立論の根拠が明晰である分だけ、デモの組織にしても独立団体の結成にしても比較的整然としていた。

日本を拠点とする独立運動は一九六五年の廖文毅の投降でかなり打撃を受け、「台湾共和国臨時政府」は二年後には有名無実化している。だが反面では、王育徳の『台湾青年』や「台湾青年独立連盟」、史明が組織した「独立台湾会」のようなロジックのしっかりした団体はかえって支持層を広げ、在米の独立運動にも影響を与え続けた。

一方、一九五六年にフィラデルフィアで創立された「台湾人のための自由台湾」を先駆けとするアメリカの台湾独立運動は、この組織が「台湾独立連盟」と名称を改めて以後着実に活動範囲を広げ、六一年の二・二八事件記念日には小規模ながら街頭デモを組織するまでになった。

在米の独立運動が力量を示したのは、「台湾人民自救宣言」の中心人物・彭明敏の釈放運動を成功させた時である。「自救宣言」はひそかに国外に持ち出されて日本で『台湾青年』に掲載され、それがアメリカにも伝えられて台湾人に衝撃を与えた。雑誌『タイム』などアメリカのメディアもこれを取り上げたことなどで、彭明敏釈放の国際世論は台北が予想した以上に盛り上がった。こうしたこともあって、一九六六年には「全米台湾独立連盟」が、七〇年には「世界台湾独立連盟」も結成された。これら団体からは後の立法委員の蔡同栄《さいどうえい》、台南市長の張燦鍙《ちょうさんこく》、台南県長の陳唐山、国際政治学者の陳隆志などの人材が輩出して民進党に加わり、実務型の人材が不足していた弱点を補うのを助けている。

政治運動が窒息状態に陥っていた台湾の内部でも、一九六〇年代には散発的ながら独立運動が発生するようになった。当局が摘発した例では、南部・雲林県の有力議員だった蘇東啓《そとうけい》が六一年に起こした武装蜂起事件、施明徳ら「台湾独立連盟」が計画した武装革命事件、台北の市会議員だった林水泉らが台湾人の決起を呼びかける文書をばらまいた事件などが知られている。逮捕された施明徳は出獄後に美麗島事件の立て役者になり、さらに後には民進党の主席をつとめている。

3 「党外」から「美麗島」へ

波乱の時代の幕開け

台湾の一九七〇年代は、六〇年代とうって変わって疾風怒濤の時代となった。社会も政治も経済も国際社会における台北の地位も、そして民主化運動の様相も激変を遂げ、全く新しい状況が市民生活を大きく変えてゆく。

そうした変化には三つの動因があった。第一に、光復以来台湾に君臨してきた蒋介石の健康が衰え、息子・蒋経国への権力委譲が決定的になったことである。蒋介石は一九六九年に交通事故に遭ってから目に見えて衰弱し、そのころから蒋経国がすべての政務を取り仕切るようになった。新しい若い指導者は新しい発想で台湾の新しい状況に対応しようとし、在野勢力に対する当局の態度も従来とはかなり異なるものになった。

第二のもっと大きな動因は、それまで敵同士だったアメリカと中国が急接近し、双方と関係が深い台湾の国際的地位が危機に瀕したことである。一九七一年からキッシンジャーとニクソンが相次いで北京を訪れ、「蒋介石の中華民国」は七一年十月国連から追放されてしまう。それは台湾の外交的孤立という地政学的変化をもたらしただけでは済まず、「そもそも台湾とはいかなる存在だったのか」「台湾はどうすれば生き延びられるのか」という根源的な問いが発せられる契機になった。

第三に、一九六〇年代の経済成長で台湾社会の中に占める中間階層の比率が急速に高まり、その中で育った知的エリートたちが、台湾のいびつな政治・社会体制に広い視野から疑問を呈するようになったことである。誰でもレベルの高い大学に入れる公平な入試制度のおかげで六〇年代に有名校で学び、大衆に代わって政《まつりごと》にたずさわるのが自分たちの使命だという意識の伝統的に強いエリートたち（前出『激盪！　台灣反對運動總批判』）が、反体制運動に積極的に投じるようになった。

一九六九年十二月、初めて実施された立法委員（国会議員）の増員選挙で、台北市から無所属で立候補した黄信介《こうしんかい》（一九二八〜一九九九）が予想外の高得票で当選した。反国民党勢力から最初でただ一人の国会議員であった（もう一人の無所属議員は選挙後死亡）。台北の豊かな商家の出で国民党員だった黄は、この党に台湾を民主化する意思が全くないのを見て『自由中国』の言論運動に投じ、六一年には台北市会議員に当選。以後反国民党の政治運動に熱心に加わってきた草の根政治家であった。国民党は有名人や市の局長ら強力候補者を立て、あらゆる手を使って彼を落とそうとした。黄自身が思っても見なかった当選であった（葉柏祥『黃信介前傳』台湾・月旦出版社）。

この選挙に先立つ台北市会議員選挙で、もう一人異色の人物が当選している。ガソリンスタンドの一店員で、台湾語だけを使って手厳しく国民党を批判した康寧祥《こうねいしょう》（一九三八～）である。彼はもともと反国民党勢力と関係が深く、黄信介の当選にも尽力した。康は蒋経国と前後して翌年アメリカに行き、反国民党の立場で台湾の世論の動向を説明して回っている。六九年ころからアメリカに中国接近の気配が現れ、第七艦隊の台湾海峡パトロールも間遠になったのを見ての行動だった。

後に民進党を引っ張るリーダーとなる二人の当選は、国民党独裁が続く台湾でも内外の情勢の変化で民意の流れが変わる前兆であった。七一年から政治を論じ始めた雑誌『大學』は、そうした流れに敏感に反応する。この年の十月号では社長の陳少廷が、国民政府の台湾移転前の大陸時代に選ばれた国会議員が改選されずに居座っているいわゆる「万年議員」の不合理を初めて俎上に乗せた論文を、翌年一月号には張俊宏が蒋介石政府の国連追放と「生き残り外交」を論じた記事を書いた。

張俊宏は台湾大学で政治学を学んだ修士、『大学』の同僚編集スタッフ許信良は政治大学を出てイギリスに留学と、ともに有名校卒の絵に描いたような新時代のエリートであった。二人の前の世代にあたる黄信介と康寧祥が平凡な学歴ながら個性と選挙運動の経験で政治の第一線に躍り出たのと対照的であり、両者の取り合わせは『自由中国』を根城にした雷震ら自由主義の外省人論客群と郭雨新ら台湾人地方政治家という、一九五〇年代の在野陣営の組み合せに似ていた。

一九七二年、台湾は一挙に時代の渦の中に投げ込まれる。二月、ニクソンが訪中し「台湾は中国の一部」とする中国の主張を「認識 acknowledge」した上海コミュニケを発表。前年の国連追放やこの後九月の日台断交と併せて台湾の外交孤立は決定的となる。五月、蒋経国が行政院長（首相）に就任し権力を完全に掌握。そして年末の選挙では黄信介のほか康寧祥、許世賢が立法委員に、黄の弟・黄天福や南部の有力者・余登発（一九〇四〜一九八九）も、総統選出と憲法改正の権限を持つ国民大会の代表に当選。中央にも進出した反国民党系勢力を「党外」と呼ぶ呼称は、このころには定着して固有名詞化するようになった。

当然のことだが、「党外」の中央政界進出も、台湾選出の立法委員や国民代表の枠を増やすという制度の変更があったからこそ実現したことである。そこのところが蒋経国流の危機対策であり、つまり外省人が独占してきた中央民意代表を本省人にもごく一部だけ開放して台湾人エリートを引きつけ、外省人の非改選議員はそのままにして国民党優位を保ちつつ内部を固めてゆこうというのである。言い換えれば、地方の公職は本省人、中央レベルは外省人という「政治エリートのエスニックな二重構造をいびつな形ながら部分的に緩和」し、本省人を取り込んで危機を乗り切ろうということである（若林正丈『蒋経国と李登輝』岩波書店）。

蒋経国は立法府に手を加えただけでなく、行政院長になると本省人閣僚を三人から七人に増やし、行政府も若干「台湾化」した。李登輝はこの時に農業担当の政務委員という閣僚級ポストを得ている。だがこうした「改革」は台湾人から見ればあまりに不完全なことは明らかであり、蒋経国が期待したようにそれで納得、というわけにはいかなかった。

中壢事件――苦悩の蒋経国

台湾内外の波乱は一九七五年に入るとさらに加速する。四月五日独裁者・蒋介石が死去したのをはじめとして、第二次石油ショック、サイゴン陥落によるベトナム戦争の終結、さらにフィリピンやタイなど近隣国が中国と国交を樹立と、まさに内憂外患の到来であった。

そうした中、八月に月刊雑誌『台湾政論』が創刊された。黄信介が発行人、康寧祥が社長、張俊宏が編集長、気鋭の弁護士で後に民進党主席になる姚嘉文《ようかぶん》（一九三八〜）が顧問弁護士という顔ぶれは、この雑誌が従来の『自由中国』などと異なる台湾人の政論雑誌であり、「党外」の機関誌的存在だったことを示している。『台湾政論』は『大學』休刊以後の言論の空白を埋め、刷っても刷っても売れた。創刊号には康寧祥が「台湾の進歩と和解をいかに促すか」と題するエッセイを書き、年末の立法委員増員選挙では党外候補を支援する論陣を張って、再び康寧祥ら三人を当選させた。だがこの時の姚嘉文の評論「憲法と国策は批判してはいけないのか」などが不穏当とされ、創刊からわずか五か月で停刊になる。

この選挙では、古くからの党外活動家・郭雨新が落選した。郭の選挙戦の盛り上がりからすると不可解な落選であり、当局が三万とも十万ともいわれる票を無効としたためだと言われた。郭陣営は国民党候補の当選取消を求める民事訴訟を起こす。結局敗訴にはなったが、当時気鋭の弁護士でともに後に民進党の主席になる林義雄と姚嘉文が弁護に立ち、新しい抗議の方式を編み出した。
二、三年ごとに行われる種々の選挙は「民主暇期」（民主主義の祝日）と呼ばれるようになった。だが党外勢力が大量に立候補した一九七七年の地方選挙は、国民党独裁下での政治的息抜きの範囲を超えて、党外にとっていろいろな意味で画期的な選挙となる。まず、黄信介と康寧祥が全土を回って党外候補をまとめ、初めて一つの政治勢力として連携させたことである。また、国民党員だった張俊宏と許信良が党外勢力に加わって当選するなど、党外は市長・県長ポスト二十のうち四、省議会議席の四分の一強にあたる二十一を取り、地方政界に進出した。みな新しい権力者・蒋経国の計算外の事態であった。

戦後最大規模のこの選挙は党外候補が立った地方では激戦であり、ことに許信良が立候補した桃園県長選挙は、彼が国民党の決定に逆らって除名されたいきさつがあり注目の的だった。党員として国民党の選挙不正のやり方を熟知していた許は、投票所に三人ずつ監視係を張り付けて見張らせた。中壢《ちゅうれき》市の小学校に置かれた投票所で、管理責任者の校長が有権者の老人二人が投票するのを助けるふりをして不正しようとし、それが監視係をしていた許派の歯医者に見つかった。

通報でやってきた警察官が校長を警察署に「保護」したため、群衆が署を取り囲んで投石するなどの騒ぎが発生した。これに警察側が発砲し、学生一人が死亡。騒ぎはますます広がり、一万人ほどに膨らんだ群衆は警察署の窓を壊したうえ火を放ち、警察の車をひっくり返し、暴動状態になった。民衆が自然発生的に集団行動を起こすのは久しくなかったことである。軍隊が出動し、暴動鎮圧車も出て、騒ぎは夜までには収まった。

「当局の人質になるかもしれないと思い」その場を脱出した許信良は、「騒ぎはある程度予測していたが、煽る気はなかった」と後に証言している。許派の運動員は「蒋経国はヘリコプターで上空から見ていたということだ。彼が自制しなかったら大変なことになっていた」と言っている(口述史『没有黨名的黨――美麗島政團的發展』台湾・時報文化出版)。蒋は暴動が地方に広がるのを恐れて、投開票作業を規則通り進めるように指示したと言われる(前出『台灣史100件大事・下』)。危うく二・二八事件の再現になるところであった。許信良は大差で当選した。

この「中壢事件」は、党外の目指すものと蒋経国が構想する複合危機対策の枠組みとがかけ離れたものであることを示した。実際にも、翌一九七八年末の中央レベルの選挙に向けて黄信介の呼びかけで結成された「台湾党外人士助選団」は、十月に発表した「十二大政治建設」と題する要求の中で

・中央民意代表を〔部分的にではなく〕全面改選する
・戒厳令を解除する
・省籍や言語による差別、方言を使ったテレビ番組に対する時間制限に反対する
・労働者の団体交渉権を認める
・政治犯を大赦で出獄させる

など大幅な民主化を求め、これを党外候補者の共同政見として掲げていった。この選挙で党外勢力は、アメリカ留学から戻った呂秀蓮《りょしゅうれん》（二〇〇〇年総統選で副総統に当選。一九四四〜　）や作家の王拓らインテリを加え、「人権」を主テーマに据え、ポスターには握り拳（「人拳」は「人権」と中国語音が同じ）を描いて戦い、大衆路線をとる黄信介と穏健路線の康寧祥の分裂という大問題を内部にかかえつつも、選挙戦をかつてないほどに盛り上げていった。

そうしたさ中の十二月十五日（台北時間十六日）、アメリカのカーター大統領が一九七九年元日をもって米中が国交を樹立することを発表した。「中華民国」とアメリカは国交断絶、米華相互防衛条約も失効という事態は、いずれ来ることだったとはいえ、総統就任二年目の蒋経国にとっては政権だけでなく台湾そのものの存否にかかわる大事であった。

「大陸反攻」がすでに虚言になった後、台湾が中国と別個の存在としてなおも生き延びるためには、やはりアメリカの力を借りる以外にない。だから断交後もアメリカに背を向けるのでなく、むしろ民主化を選択してでもアメリカの朝野に売り込んでいかなければならないのである（前出『蒋経国と李登輝』）。

一方中国は、対米国交樹立で居丈高になるどころか、前年末の共産党中央委員会総会（第十一期三中全会）の決定でも一九七九年元旦の鄧小平発言でも、台湾に露骨なほど融和的な態度を見せた。それは、台湾が本省人の天下になる前に、蒋経国の時代に統一へのレールをしいておきたいからだと思われた（山本勲『中台関係史』藤原書店）。中国が融和的になればなるほど、内戦状態が続いていることを大前提に仮定する硬直した国民党独裁体制のアナクロニズムが露呈してくるのである。

米中国交樹立で体制側が新しいジレンマをつきつけられただけではない。民主化に到達する前にアメリカの影響力の空白を利用した「中国人同士」の談合で台湾の命運が決まってしまう事態を、党外勢力もまた本気で心配せざるを得なくなった。蒋経国がカーター声明の当日に選挙の延期を発表した後、党外は「国是声明」の中で「われわれの目標」としてこう主張している。

> 大国の合従連衡により、われわれの命運が犠牲となる危機が到来した。このさい率直に表明せざるを得ない。いかなる強国も他国の人民の命運を握ることはできず、台湾の命運は一千七百万〔台湾〕人民によって決定されねばならない。……民主憲政を徹底的に実施してこそ自由、平等、和解の社会を創造することができる。そのような社会においてはじめて、われわれの声明と自由

が保障されるのである。

「党名なき党」

米中国交樹立が発表されると、蒋経国の緊急命令で年末の選挙は延期になった。この思わぬ展開は党外勢力内部の力関係をも変えた。康寧祥ら穏健派の議会重視路線を狂わせ、大衆運動を重視し街頭行動も辞さない黄信介ら急進路線が突出してきたからである。

この前後数年、変転する内外情勢を反映して党外、国民党とも内部に複雑な力関係の変動が起きていた。流動的な情勢の中で対立が起きれば、えてして融和的勢力よりも過激な部分が優位を占め、事態をさらに混乱に追いやりがちだが、一九七七年の中壢事件から七九年の美麗島事件に至る一連の衝突事件は、そうした対立の力学の好例である。

国民党の主流は言うまでもなく蒋経国であり、体制の危機を救う彼の処方箋は、後に行政院長になる本省人の李煥《りかん》（一九一七〜）を盛り立て、なし崩しに台湾化を進めるというものであった。だが外省人保守派は中壢事件を理由に李を一時的に斥けることに成功し、党外の活動にむき出しの暴力で対抗するようになった。

一方の党外勢力は、黄信介を中心に許信良、張俊宏ら主として若手理論家からなる急進派が、康寧祥や司馬文武などの穏健派を圧倒し始めていた。一九七八年十二月初め党外が開いた座談会に「反共義士」が押しかけて起こした小競り合い（「中山堂事件」）は、翌年一月から国民党・党外間に一連の政治暴力事件が発生する兆候であった。

党外勢力は「国是会議」の決定で、高雄地方のボス余登発の誕生日祝賀会を名目に二月に大がかりな集まりを開くことになった。余の影響力を借りて内部対立を緩和する狙いでもあった。ところが警備当局は先手を打ち、「共産スパイ事件に関与した」として余と息子を逮捕した。内部和解の試みははからずも抗議行動に転じ、一月二十二日、余の地元・高雄県橋頭郷での戒厳令下で初めての政治目的のデモ（「橋頭デモ」）に発展するに至る。

こうして、党外勢力の急進派主導は定まった。八月、月刊誌『美麗島』が創刊された。発行人に黄信介、社長に許信良、編集長に張俊宏、事務責任者に出獄間もない施明徳、執筆陣には姚嘉文、林義雄、「自救宣言」の魏廷朝。発案は余登発で命名が姚の妻と、まさに党外の精鋭を集めた「政団」だった。実務を取り仕切った施明徳によれば「理念ももちろん重要だが一つの組織になってゆく可能性が必要だった。一貫した発想は『党名なき党』であり、それでこそ大きな発展の余地がある、ということだった」（前出『没有黨名的黨』）。

創刊号が掲載した黄信介の発刊の辞は、「歴史はわれわれに試練を課している」で始まり、「自らの進むべき道と命運を握ることはもはや政権や御用文人の権利ではなく、われわれ全人民大衆の権利なのである」とする、自決路線への傾斜をにじませた内容であった。「民主万歳」「法統〔政権の法的正統性〕を論ず」など刺激的な記事を満載した創刊号は爆発的に売れ、第二号以降は十万部も印刷された。『美麗島』は単なる出版物ではなく、「党名だけがない政党」の根城となった。施明徳の発案で十五の都市に支社ができ、「服務処」と称する出先がつくられ、党外人士が出入りする活動拠点になったからである。これに先だって康寧祥も『八十年代』という月刊誌を発刊し、むしろより高度な民主の主張を展開したが、大衆的人気はいま一つであった。

九月初め、『美麗島』が台北市内のホテルで開いた創刊パーティーに極右が押しかけ、投石などをして騒いだ。この「中泰賓館事件」を仕掛けた雑誌『疾風』の黒幕は、蒋経国の次男で日ごろから問題児の評があった蒋孝武だったといわれる（許介鱗『戰後台灣史記・巻三』台湾・文英堂出版社）。

衝突、流血、逮捕

美麗島政団は、この年一九七九年末の国際人権デー（十二月十日）に高雄で集会を開くことにした。外国の例に倣って示威デモでなく祝賀パレードをし、その後講演会を開く手はずだった（前出『激盪！台灣反對總運動総批判』）。事前の許可申請は、当日に国民党の中央委員会総会があり軍の冬季演習も始まるからという理由で却下されたが、集会は予定通り開くこととした。党外の申請には、押し問答の末ぎりぎりになって許可をおろすのが当局の通例であり、今度もそうだろうと思われたからである（呂秀蓮『重審美麗島』台湾・前衛出版社）。

集会の前日、美麗島側の要員二人が市内で集会の宣伝活動中に警察ともめ、連行されたうえに手ひどく殴られて入院する事件が起きた。この「鼓山事件」は当局が集会で強硬手段に出る前兆であった。当局は主催者側との関係を険悪にし、翌日の集会で「警察の横暴」をなじられる原因をつくったことになる。

そのいきさつもあり、市内の空気は朝から張り詰めていた。夕刻から集会会場になるはずの中心部の公園は、午後には憲兵隊と暴動鎮圧車が封鎖してしまった。群衆はそれでも集まってきた。指揮者の施明徳は会場を近くのロータリーに変え、台北から駆けつけた黄信介が、集会を平和裡に開くために警備責任者と交渉に入った。街に宣伝カーが出て「特務がわれらの仲間に暴行しました。人権の保障を求めましょう」と呼びかけ、群衆は「戒厳令を解除せよ」「政治犯を釈放せよ」と大書した横断幕を掲げて講演の開始を待った。

美麗島側幹部の一人だった呂秀蓮が現場体験と資料をもとに事件の顛末を詳述した『重審美麗島』(前出)によれば、夕刻以後の事態の推移は概略次のようなものであった。

黄信介と警備司令とで一度は事態収拾の話がついた。予定通り公園で集会を開くことは認める。ただし示威行進と松明、棍棒、火炎瓶の所持は控える、という約束ができたのである。

午後六時半、美麗島の事務所を二、三百人の「パレード」が出発した。先導車に施明徳と副指揮の姚嘉文が乗り、宣伝車と歩行隊が続く。交渉に出かけた黄信介はまだ現れない。灯油の松明に一斉に火がつけられ、あたりがぱっと明るくなった。隊はロータリーに向かって進んだ。

間もなく黄信介が戻って合流。赤々とした松明の列を見て仰天し、マイクを握って叫んだ。「松明を消してください。隊を解いて公園の講演会に行きましょう」。姚嘉文が公園は封鎖されていると黄に告げる。驚き、騙されたと怒り出す黄。隊員は興奮し、「台湾人万歳」「言論の自由を返せ」と叫ぶ。一隊はやがてロータリーに到着。完全武装の警備陣が先回りして一帯をびっしり包囲していた。

王拓の司会で集会が始まった。冒頭で黄が警備司令の騙し討ちを糾弾。「デモに出よう」と叫ぶ声も上がる。警備陣が包囲の輪をじわじわ縮め、誰も集会を抜け出すことができない。公園にも二、三万人が集まっているが、やはり包囲されて動けないと伝令の情報。衝突の危険を察知した施明徳が当局との交渉に向かう。張俊宏、王拓らが演壇に立ち、「われわれはもう彼らの統治は受けない。真の人権と主権を勝ち取ろう」と激越な演説も現れる。「われらに天下を」の集会テーマソングが繰り返し歌われ、群衆は意気軒昂だ。

突然白い光が走った。霧状の煙と強烈な刺激臭。群衆の叫び声に「国民党が催涙弾を発射しました」という宣伝車の声が交錯する。ハンカチで口を押さえて伏せる者、逃げ出そうとする者。大混乱になった。臨時の指揮者が移動を指示し、公園とは別方向の警備が手薄なところをかろうじて突破。だがその先に完全武装の憲兵が待ち受けていた。

衝突が始まった。憲兵とデモ隊の棍棒が乱れ飛び、松明の火の粉が散る。「隊を離れると危険です」とデモ隊の指揮車。「台湾人万歳」の叫びが予想外に群衆を励まし、間もなく包囲を破る。遠回りに美麗島事務所に戻る道筋で、再度憲兵隊に遭遇した。また棍棒や角材で乱闘。「殴らないで！　相手も台湾人です」「台湾人兵は手を引いてください」と、指揮車が双方に必死で呼びかける。

ようやく事務所前にデモ隊が到着。リーダーがそろい演説会が始まった。そこにも盾をかざした憲兵隊が迫り、集会の解散寸前にまたしても衝突が発生。こうして随所で衝突と催涙弾の発射が繰り返された。混乱が収束したのは午前零時を回ってからであった。

一連の衝突では発砲こそなかったが、多数のけが人が出た。当局は警備陣の負傷者を百七十人と発表しただけで、美麗島側と市民の死傷者数はいまでも不明のままである。

呂秀蓮の記録などで見ると、美麗島事件（または高雄事件）では「われら〔台湾人〕に天下を」（「咱們要出頭天」）をテーマソングにして合唱する意識や、外省人支配者と「われら台湾人民衆」とを対置させる感覚、つまりは台湾人ナショナリズムの精神が突出していたように見える。群集心理で過激になっただけということではなかっただろう。美麗島政団が民主の達成や人権の獲得を看板に掲げつつも、一般的な民主化要求をすでに超え始めていたことの反映であったかもしれない。

その意味では、美麗島事件を独立運動史上の里程標（前出『台灣獨立運動』）と評価することも可能である。『美麗島』創刊後の一九七八年後半、台湾内部の民主化運動の進展に関心を高めていた在米の独立運動グループが、「台湾の声」の名で施明徳と隠密裡に電話で接触し始めていたことがわかっており（前出『没有黨名的黨』）、そうしたことも美麗島政団に何らかの影響を与えた可能性がある。

翌々日夕刻、美麗島側は記者会見を開き、道路の封鎖と催涙弾の発射が衝突の発端であり、美麗島雑誌社の側から手出ししたのではないと説明した。だがすでに新聞もテレビも、「暴徒」が警備側を襲ったという当局べったりの報道で塗りつぶされていた。

翌日未明五時。林義雄、張俊宏らを手始めに『美麗島』関係者の一斉逮捕が始まった。みなすでに覚悟していた事態であり、三時間ほどで二人を除く幹部全員が連行された。残り二人のうち黄信介は立法院の許可を経て翌日逮捕、夜明け前の寝室から逃走した施明徳も百万元の懸賞金付きで追われた末に、翌年一月捕えられた。『美麗島』は壊滅した。

美麗島審判で裁かれたもの

美麗島側には、高雄での事件は自分たちをつぶすために権力側が仕掛けた罠だったのではないかという強い疑念が残った。事件直後に内輪の会議でそのように発言した者がいたし、林義雄も十二日の記者会見後に米紙の記者に「徐々にはめられていった気がする」と語っている。情報当局は党外粛清を任務とする「一二〇五」なる特別チームを事件の五日前には設けていたといわれ、事件当日の国民党中央委員会の席で蒋経国が「台湾独立のような観念は消滅させねばならない」と発言したのが、高雄集会と『美麗島』に対する周到な処理と符合する、とする説もある（前出『重審美麗島』）。

蒋経国の美麗島政団に対する判断や、高雄集会への対応に関する意図はともかくとして、必ずしも反体制ではなかった『八十年代』までも間もなく発行停止にした（康寧祥も高雄集会に参加したが逮捕は免れた）ことなどから推して、当局はこのさい党外を一挙に押し潰す方針だったと考えられる。

ところが一網打尽にした美麗島政団に対する処置は、年明けから不可解なほど峻厳さを失ってゆく。逮捕者と自首者は合計約百五十人であったが、二月一日そのうち九十一人が釈放され、二十日になると反乱罪により軍事裁判にかけられる者は五十三人から八人へ大幅に縮小された。しかも黄信介、施明徳、張俊宏、呂秀蓮ら「首謀者」の公判は公開され、内外の記者の取材も被告の家族の傍聴も許されることになったのである。アメリカ政府が美麗島事件を「不当な弾圧」と非難するなどで、世界の孤児の境涯に落ち込んだ台湾当局者への国際的風当たりがまた強まったことが、蒋経国を「開明的」にした（前出『戰後台灣史記・巻三』）ようであった。

だが、苛烈な実力行使を経て逮捕した民主化指導者を裁くのに、一転して例外的に寛大なスタイルを採用したこと自体が、明らかに矛盾した手順であった。事件前までは口外をはばかった主張や要求までも公開の場で開陳でき、それが内外で詳細かつ大々的に報道されるとあれば、被告たちがはばかることなく民主を揚言し、理不尽な政治をなじり、それが派手に報じられて統治者の前時代的な非民主性が白日の下にさらけ出されてゆくことは、わかりきっていたからである。

実際にも、八人の筋金入りたちは一九八〇年三月十八日から始まった軍事裁判で、存分に得意の弁舌をふるった。それまで当局の言うことだけを報じてきた台湾の新聞やテレビが、毎日大きなスペースと長い時間をさいて被告らの陳述を伝え、大陸反攻がいかに馬鹿げた神話であるか、民主化の要求と「中共の台湾浸透」を結びつけることがいかに現実離れしたこじつけであるかをはじめとして、台湾本土意識を強調することの正当性や台湾独立への展望に至るまで、一般民衆は彼らの「危険思想」の内容をこと細かに了解した。

インテリ活動家の間のひそやかな会話の中でしか語られなかった「台湾独立」が、メディアを通じて内外世論に向けられた公然たる主張になったという意味で、美麗島審判の記録はまさに「台湾独立運動史上の歴史的文件」（前出『台灣獨立運動』）となった。

美麗島審判は一篇の悲劇にもなった。公判開始前の二月二十八日白昼、林義雄の自宅で彼の母親と双子の娘が何者かに惨殺されたのである。犯人はその後も検挙されていないが、公判前の政治犯宅は当然厳重な監視下に置かれていたはずで、それでも屋内に侵入できた者は当局の特務くらいしかないと考えられた。林義雄は当時から人格者弁護士として人望があり、事件を理由に林を釈放させようという運動が起きかけたのに、林は自分だけ赦免という特別待遇を拒んだ（後に弁護士の奔走で一時釈放される）。家族関係を重んじる台湾社会では「滅門」（一族の破滅）は重大事である。彼は二重の悲劇の主になった。

いま一人のヒーローは施明徳である。傲然たる笑みを終始浮かべて出廷する風貌そのものが、見る者にはすでに確信に満ちた独立の正義の体現者であり、正義を裁くことの愚かしさをあざ笑う哲人であった。最終証言では一切の笑みを消し去り粛然として証言台に立つと、「被告はここに遺書を携えて参りました」の一句で始まる感動的な陳述を展開していった。彼自身も泣き弁護人も泣き、検察官でさえ眼鏡をはずして涙を拭った施証言を、最後のくだりのみ『重審美麗島』（前出）から訳出する。

被告はここで演技をしようとしているのではありません。林義雄が不幸に遭遇したことを耳にしたのちのいま、すべてがわれらの惹起した不幸であったかと悟るに至りました。……わが愛する国びとの怨気を鎮めることが被告に可能であるならば、国家の結束と社会の和合を助けることが可能であるならば、この被告に死刑を申し渡されんことを、裁判長に対して心から請い求めます。刑の斟酌は一切無用であります。重ねて、重ねて請い求めます。

裁判長はさすがに落涙はしなかったが、「施明徳肺腑の言としてうけたまわった」と厳粛に応対している。

このような劇的場面が繰り返され、「暴徒」だったはずの八人は裁判が進行するほどに同情と共感を得ていった。黄信介の起訴状には反乱罪を構成する罪状として、日本からウナギの稚魚を中国大陸に輸出して暴利を貪り、反乱活動の資金を蓄え、平和統一後に台湾自治区政府主席になる密約を「共匪」との間で交わしたという、ほとんど荒唐無稽な「容疑」が並べられており、裁判そのものの正統性を取り繕うことはもともと至難であった。アメリカの著名人（例えば大統領を目指していた上院議員エドワード・ケネディ）も台湾の民主勢力を擁護するようになった状況の中では、被告席に立たされたのは、実質的にはむしろ国民党当局の方であった。

だが、判決はやはり冷厳であった。施明徳には死刑ではなく無期懲役、黄信介に懲役十四年、姚嘉文、張俊宏、林義雄、呂秀蓮ら六人に懲役十二年が言い渡された。一般法廷で裁かれた王拓ら三十三人にも最低十月、最高で六年六月の懲役刑が科され、無罪はそのうち一人だけであった。

こうして美麗島政団そのものはしばらくの間姿を消したが、正統性を欠いたまま強行された美麗島審判の実況、それをめぐる世論の趨勢、審判にかかわった民主派とそのシンパの動向などには、民主化の次の波がほどなく到来することを思わせる兆候が、すでに現れてきていた。強圧手段によって反体制勢力を屈服させ、あるいは懐柔し、野党の出現を阻止し続けることは、台湾が置かれた大状況の中ではもはや不可能になっていたのである。

第3章

「党禁」を破る

民進党結成前後

1986年9月28日，民進党の結党宣言に出席した民主化運動のリーダーたち。左端は後の党秘書長・游錫堃，その右は後の高雄市長・謝長廷，一人おいて，結党発起人会座長の費希平。（提供＝聯合報）

一九四九年台湾に戒厳令がしかれた時、関連法令によって新しい政党をつくることは実質的に禁止とされている。憲法にうたわれていた結社の自由は実際には有名無実化し、「党禁」のもとで国民党は一党独裁を長期間維持してゆく制度的保証を手にする。新しい政党をつくろうとすると、それは即「共匪」に気脈を通じた利敵行為ということになった。「自由主義中国」台湾は、「自由」の重要な部分がすっぽり抜け落ちた社会になったのである。

台湾には中国国民党以外に、五十年以上の長い歴史を持つ中国青年党、中国民主社会党という二つの小型の野党が存続してきた。だが野党といってもどちらも国民党に刃向かう意図を持つような政党ではなく、一時「党外」と連携したことがある以外は当局に従順な国民党別働隊であったから、「トイレの花瓶」などと揶揄された。一九七〇年代からの野党運動は、既成の政治勢力に一切期待できない状態を出発点にせざるを得なかったのであった。

台湾の政治文化にはかなり特殊なところがあり、国民党には中国大陸から持ち込んだ権威主義の体質がきわめて濃厚であるのに対して、在野の政治勢力はグラスルーツの支持に寄りかかる傾向が強く、それだけ支持階層の利害が政治勢力間の関係にストレートに反映しやすいし、階層の利害が大きく異なる現実の中では、互いに相手を容認しようとする空気は容易に生まれてこない。しかも国民党流の権威主義は、人間関係の中で権威をことのほか重んじるなどの中国的伝統に根ざしたものであるから、在野勢力が国民党に挑戦を試みることは単なる政治参加の企てを超えて、中国正統の中原《ちゅうげん》文化に挑戦するという大ごとと解釈される恐れがあったのである（彭懐恩『台灣政治文化的剖析』台湾・風雲論壇出版社）。

そうした政治文化のために、また反共強迫観念からくる国民党の締め付けの厳しさもあって、在野の政党結成運動はもっぱら国民党に対するチェック・アンド・バランス機能の追求に重点が置かれ、権力そのものを覆そうとする意識は、少なくとも一九七〇年代までは希薄であった。雷震ら外省人を中心とする「自由中国」の運動が典型的にそうであったし、本省人からなる美麗島政団も、発足の段階では必ずしもその例外ではなかった。

だが美麗島事件は、在野勢力のそうしたいわば穏和な意識を反転させてしまうような触媒の役目を果たすことになった。

1　新世代人材群の登場

政界に投じた弁護人たち

めぼしいリーダーが一まとめに牢獄に送られ、康寧祥《こうねいしょう》らの穏健派だけがぽつんと生き残った党外勢力は、一時的にリーダーシップ不在の危機に陥った。ところが、美麗島事件は当の党外でさえ気づかなかったほどの起爆力を秘めていたことが、やがて明らかとなる。その第一歩は、一九八〇年末に行われた立法委員と国民大会代表の選挙であった。

党外が、手だれの指導者もそれなりに機能する組織も統一された政見も失った状態で戦うことになったこの選挙は、当然党外の苦戦と考えられた。選挙には張俊宏《ちょうしゅんこう》の妻・許栄淑、姚嘉文《ようかぶん》の妻・周清玉、黄信介《こうしんかい》の弟・黄天福ら、美麗島審判の被告の家族をはじめ十九人が、裁判で弁護人を引き受けた弁護士たちの応援と党外候補者聯誼会の認定を得て立候補し、美麗島事件や裁判に触れることを一切禁止された状態の中で、従来とは全く異なる徹底したイメージ選挙戦を強いられる。

だが投獄に対する肉親の怒りに加えて党外には存亡の危機感があり、緊急策で肉親候補を立てた選挙戦はいやがうえにも熱を帯びた。「姚嘉文の妻」と書いたたすきに「君の早き帰りを待つ私」という選挙ソングで国民代表を目指した周清玉(一九四四〜)は、行く先々で熱烈な支持者に取り囲まれ、「お涙ちょうだい作戦」と冷笑する国民党候補を引き離して、十四万票という台北選挙区空前の得票で当選した。許栄淑も黄天福も、さらには禁令を無視して美麗島事件の受刑者釈放と林義雄一家惨殺の徹底捜査を訴えた黄煌雄《こうこうゆう》も、事件の関係者は全員当選し、党外は定員七十の立法院に合計十三の議席を得た。夫や兄弟が投獄されると肉親が代わって選挙を戦い、政治犯の家族が在野勢力で重要な地位を占める伝統をつくり出すことにもなる(前出訳書『台湾クロスロード』)。

党外ブームはこれだけでは終わらなかった。翌年十一月の地方選挙には、美麗島審判で弁護団を形成した十五人の中から三人が立候補し、省議員に蘇貞昌《そていしょう》(一九四九〜)、台北市会議員に陳水扁《ちんすいへん》(弁護団中最年少だった)と謝長廷《しゃちょうてい》が当選。八三年の立法院選挙にも弁護団からさらに張俊雄《ちょうしゅんゆう》(一九三八〜)、江鵬堅《こうほうけん》(一九四〇〜)の二人が出て当選した。八一年に監察院(中央民意代表機関の一つで公務員の弾劾権などを持つ)の委員に党外から初めて当選した尤清《ゆうせい》(一九四二〜)を含め、美麗島弁護団からこのころに六人が政界に転じ、二〇〇〇年三月現在で次のようなポストを占めるに至っている。

・陳水扁　総統選で民進党から出馬し当選。前台北市長、元立法委員

・張俊雄　立法委員。総統選の民進党陣営統括責任者

・謝長廷　高雄市長。八六年総統選の民進党公認副総統候補者
・蘇貞昌　台北県長（台北県は全県市の中で人口最大）
・江鵬堅　監察委員。民進党初代主席
・尤　清　前台北県長。民進党結党時の中央常務委員

このほか二〇〇〇年総統選段階で民進党の主席のポストにある林義雄《りんぎゆう》は美麗島事件の被告であり、秘書長（幹事長に相当）の要職にある游錫堃《ゆうしゃくくん》も、陳水扁らとともに八一年地方選で省議員に当選している。それを合わせると、後にポスト李登輝時代が始まる時点で民進党の指導部を形成する主要人物は、美麗島事件の影の色濃いこの時期にこぞって政界に投じていることになる。

この事実は、美麗島事件が引き起こした社会的衝撃のもとで、政治に対する選挙民の関心の内容も知的エリートの指向も劇的な転回を遂げたことを物語るだけでなく、党外に限って言えば、リーダーシップに真空状態が生じたことでかえって新しい血の注入が促され、党外が引きずってきたそれなりに複雑なしがらみとは縁の薄い若手に、自由奔放な活動の場を与えたことになる。

この時当選した元弁護団員は、当時の状況と心境を後に次のように口述している。

謝長廷「政治とは距離を保ちたいと考えていた。〔政界に入ると〕後戻りはできず、自分も家族も危険だとわかっていたからだ。林義雄一家の事件が起きてはなおさらだった。一方でわれわれには使命感もあった。名の知れた党外人士は高雄事件でみな捕まり、知名度となれば彼らの家族と、たぶん弁護人しかいなかったからだ。自分が選挙に出ず誰かに出ろと勧めることはできなかっ

た。政治生活の二大事件なら民進党の建党と美麗島の弁護だが、どちらもきつかった反面楽しかった。弁護ではみな一本気で、雑音もなく、自分のしていることに一点の疑いもなかった」

尤清「二・二八事件後はインテリが殺されて〔民主勢力の〕断層ができてしまったが、美麗島事件には社会の支持もあり、台湾史上のこの二大事件は〔事後の事情が〕全く異なる。軍事裁判では挫折感がひどかった。その後康寧祥とコーヒーを飲む機会があり、その時彼に言ったのを覚えている。『歴史は繰り返すという。自分のドイツ留学時代にポルトガルとギリシャの権威主義統治が崩れて民主化された。同じようなことがこの台湾でも起きはしないだろうか』、と」

（口述史『高雄事件與美麗島大審』台湾・時報文化出版）

美麗島事件の衝撃を乗り切った後にあたる一九八一年の地方選挙では認定候補と推薦候補の区別を設けたり、後に民進党のシンボルカラーになる緑の旗を使ったりし、党外は「党禁」下で準政党としての体裁を少しずつ整え始めた。この選挙からほぼ一年後に党外雑誌が野党の結成問題を特集していることを見ると、党外人士たち自身が「野党」を具体的なイメージでとらえ出したことを思わせる（前出『戰後台灣史記・巻三』）。

民主と自決の神学

政治勢力としての党外が構成の幅を広げたという意味で重要だと思われるのは、台湾で長い布教の歴史を持ち、李登輝をはじめとして二十万人前後の信徒を擁する強力組織である長老派プロテスタントとの連携を、このころ格段に深めていたことである。

美麗島事件の逮捕者の中には、長老教会の牧師でもあった林弘宣《りんこうせん》、蔡有全《さいゆうぜん》、許天賢の三人が含まれていた。美麗島雑誌社の高雄服務処の責任者だった林は軍事法廷で裁かれた被告の一人であり、懲役十二年の判決を受けている。それだけでなく、全台湾の教会最高幹部だった高俊明（一九二九～）をはじめ教会関係者五人が、二十五日間逃亡し続けた施明徳《しめいとく》を匿って援助したために逮捕された。高は懲役七年、最も軽い者でも執行猶予付き懲役二年の刑を申し渡されている。教会と当局との間の長い確執が背景に絡んでいたとはいえ、結果的に教会が美麗島事件に連座することになったのである。

教会の逃亡者隠匿・幇助は、冤罪ではなく事実であった。高俊明は施明徳が長老教会の牧師宅に逃げ込んだと聞いた時のことを、後にこう口述している。

施明徳とはとくに交友関係はなかった。教会総幹事の私がいま彼を助けたら教会全体に累が及び、迫害されるだろうと思った。だが彼は捕まればきっと銃殺だろう。人権と民主のために奮闘しているこのような人物を失ったら、台湾の前途は真っ暗だ。助けないわけにはいくまい。私の住居は一年ほど前から警察に四六時中監視されているから、匿うのはまずい。彼と面識がない者のところがよかろう。そんないきさつと人の勧めがあって、林文珍長老に相談した。彼女には家庭の事情があって気の毒だったのだが、「いいですよ、引き受けましょう」と言ってくれた。

（前出『高雄事件與美麗島大審』）

この口述にもある通り、教会は美麗島事件のかなり前から危険組織として当局ににらまれていた。その直接の原因は、一九七七年八月に教会が発表した「人権宣言」にあったと思われる。教会内部にさえ反対があったこの宣言は、「われらの信仰と国連人権宣言に則り『台湾の将来は千七百万住民の決定に委ねるべきである』と断固宣言する」とうたったばかりでなく、「独立と自由を求める台湾人の願望をかなえるため、政府が現実を直視し有効な措置をとることを求める」とする、当時としては急進的な内容を含んでいた。

自決、独立、自由の要求を前面に出した宣言の急進性は、これよりも後に党外勢力が出した文書と比較してみるとよく了解できる。一年以上後の七八年十月に選挙の党外共同政見として発表された「十二大政治建設」では、「人権の神聖不可侵」をうたってはいるが自決にまでは踏み込んでいないし、その二か月後に米中国交樹立の発表に際して出された党外の「国是声明」も、「台湾の命運は一千七百万人民によって決定されねばならない」と、長老教会の「人権宣言」をなぞったような文言はあるが、「民主憲政の徹底した実行」を求めるにとどめている（七六ページ参照）。

無謀に見えるほどに大胆な長老教会の政治的発言は、この時が初めてではない。「中華民国」が国連から追放された直後の七一年十二月に教会が発表した「国是に関する声明及び建議」ですでに、国際社会が「台湾千五百万人民の人権と意志をないがしろにすることに反対」し、当局に「統一よりもまず中央民意代表を全面改選せよ」と求めている。

党外のような世俗の政治勢力に対しては仮借なき弾圧を繰り返してきた当局も、教会の政治発言に限っては従来概して穏便であった。十七世紀以来の布教の伝統があり、医学など欧米の科学技術導入に熱心で、多数の信者を擁する長老派には、当局といえどもうかつに手が出せなかったのである。そのために一九六〇年代までは教会と当局との関係は良好であり、長老教会の信徒は一九五四年から十年間に倍増したほどである（前出『台灣獨立運動』）。

だが人権を天与のものと見なし、宗教思想の展開も儀式も教会運営も、すべて現地主義をとるのは長老教会の大原則である。教会の反共主義が国民党当局の方針と折り合えた間はよかったが、社会主義中国が地政学的都合でアメリカと組み、その結果台湾の生存が危うくなり、外省人支配にしがみつく国民党政治のアナクロニズムが明白になった七〇年代以降、教会本来の人権思想と台湾本位主義が当局の方針としばしば衝突を起こすようになった。

七一年声明の数年後、長老教会の発行した台湾語とタイヤル語（先住民言語の一つ）の聖書を当局が大量に没収し、教会の激しい抗議を受けたあたりで、関係の悪化は決定的になる。自決の理念と受難の経験を共有する組織同士が手を結ぶのは当然の理であり、七〇年代後半以後は長老教会の信徒と党外のメンバーとが部分的にオーバーラップするようになった。美麗島事件で教会関係者が多数逮捕されたのは、そうした経緯があったからである。党外の政治主張の中には、教会が唱えた先駆的理念を借用したものもあるとされ、自決権の観念などもそうであったという（前出『台灣獨立運動』）。

林弘宣のように美麗島政団の幹部でない者まで軍事裁判にかけて重刑を科したことは、当局の教会に対する制裁という意味が濃厚であり、事件後には受刑者の肉親が多数入信したことで、党外と教会との関係はさらに密接になった（前出訳書『台湾クロスロード』）。

新党結成へのモメンタム

党外に新しい人材が大挙して加わったことは単に組織の更新を促しただけではなく、旧世代の指導者の路線選択に理論家肌の新世代が強い疑義を呈する傾向を生み出し、党外の基本方針に関する論争からさらに路線の対立につながっていった。党外勢力が初めて経験する深刻な論争の舞台を提供したのは、一九八一年以後続々と誕生した党外雑誌である。前年末に当選した新議員を中心にして気鋭の若手の手で発刊された周清玉の『關懐』、黄天福の『蓬萊島《ほうらいとう》』、許栄淑の『深耕』などがそれで、先鋭な主張のために発禁になってもすぐに類似の雑誌が出た。言論の場を得た若手たちは思う存分に議論を戦わせ、その中から後の民進党秘書長・邱義仁《きゅうぎじん》（一九五〇〜）、立法委員・林濁水（一九四七〜）、宜蘭《ぎらん》県長・劉守成《りゅうしゅせい》（一九五一〜）らが健筆を競った戦闘的な理論誌『新潮流』（一九八四年創刊）が登場してくる。

党外雑誌が当面の標的にしたのは、美麗島事件を生き残った党外の先駆的指導者・康寧祥であった。康ら四人の党外指導者が八二年六月から長期間訪米し、台湾人の自決だけでなく台湾向け武器供与などを説いて回ったこと、重大な問題のある予算の立法院審議に康らが協力したことなどが「国民党との談合」と批判されて、若手の間から「批康運動」が起き、論争に発展していったのである。

誌上の論争を見る限りでは、それは議会活動を中心に合法的手段を駆使して国民党政権を民主化に追い込んでゆくか、それとも大衆運動に徹して体制に打撃を与えるかの角逐であり、理念・原則を貫くか、党外の利益・保全を優先させるかという路線上の対立の様相を帯びていた。だが美麗島事件の記憶がまだ生々しく、急進派が主張するような当局との実力による対決には多大のリスクがあることがわかりきっていた現実に照らせば、路線論争や世代間の対立だけではなく、実際には主導権争い、集団間の勢力競争、さらには個人的な怨恨までが絡んだ生臭い闘争でもあったようである（前出訳書『台湾クロスロード』）。

この後民進党の結党、さらに一九九〇年代初めに党が成長しながら種々の曲折を経験する過程を通じて、「新潮流」系、「美麗島」系という党内二大派閥の角逐が延々と続いてゆくことになるが、その淵源は結党よりはるか以前の八〇年代初めに発生したこの対立に求められる。言い換えれば、民進党の党員であることよりも、どの政治グループの成員であるかが優先されるようなこの党の寄り合い所帯的な宿弊もまた、この時期に形成されたということである（前出『台灣獨立運動』）。

こうした党外勢力の内部対立、とりわけ三年以上続いた批康運動の消長は、権力運用をめぐる国民党上層部の力関係の変動とある程度まで関連したものであった。

一九七八年ころから蒋経国《しょうけいこく》の糖尿病が悪化して実務の遂行が難しくなったことで、国民党内では七〇年代末から権力の継承問題がにわかに現実味を帯びてきていた。すでに触れた通り、李煥《りかん》の失脚でなし崩しの台湾化路線が後退し、外省人を中心とする保守派が台頭したのも、そうした権力継承争いのためであった。ところが八三年に蒋経国が健康を取り戻すと、タカ派人脈は本省人も含め次々に表舞台を追われ、勢いを回復した台湾化の流れの中で、八四年には本省人の李登輝が党の副総統候補に指名されるに至る（前出『蒋経国と李登輝』）。

このように体制内部に変動が発生すると、当然のことながら党外勢力に対する態度にも変化が現れてくる。美麗島事件の前後は国民党の保守タカ派の発言力が強かった時期にあたっていたため、鼓山事件のような露骨な体制の暴力や、また美麗島事件の衝突のさ中に明らかにデモ隊ではない者が群衆に紛れて警備陣に暴力をふるい、群衆を挑発するようなケース（前出『激盪！　台灣反對運動總批判』）が散見されるようになった。

だが一九八〇年末の選挙に見られる通り、体制の圧力をもってしても民主化勢力を完全に沈黙させることは、もはや不可能であった。そのような状況にあっては、体制側が強硬になればなるほど反体制派との軋轢は沈静するよりも拡大再生産され、ますます先鋭になってゆくことは避けられない。その結果として、体制批判派の内部では急進派が穏健派をむしろ徐々に凌駕するようになる。党外に新世代の理論家が多数登場したことを直接の契機として始まった批康運動が、短期間に収束せずに長期化したのは、おそらくそのためである。康寧祥は八三年の立法委員選挙で黄煌雄ら他の穏健人士とともに落選し、党外勢力は候補者の乱立もあって議席を減らすことになった。

そうした一時的な後退にもかかわらず、また国民党内の大勢が台湾化路線に回帰したこともあって、新世代を牽引車とする党外台頭のモメンタムが失われるようなことはなかった。八三年の選挙にしても、「党外中央後援会」は「民主と自決が台湾を救う」という共通スローガンのもとで八一年選挙よりも幅広い組織で選挙戦を戦い、林義雄の妻・方素敏、美麗島審判の弁護人・張俊雄、江鵬堅ら新鮮な人材は高得票で当選している。

八四年になると、党外初めての常設組織となる「党外公職人員公共政策研究会」（略称「公政会」）が発足した。公政会が一回の選挙に限った臨時組織ではなくなったことを見ても、党外が政党の前段階とも言うべき機能と組織を持とうとしていたことは明らかであり、国民党当局もそれを警戒し団体として公式に登録することを認めなかった。だが当局の態度は必ずしも一定せず、この年十月に在米華人の著作家・江南が台湾の特務の指示で殺害される事件が起き、アメリカ世論の風当たりが強まると、イメージを挽回するために民主化容認へ方針を転換することが内々で決定された（前出『戰後台灣史記・巻三』）。翌年には政府の黙認のもとに、公政会は地方選挙候補者の所属団体として選挙公報にも記載されることになる。

公政会を非合法化しようとする当局からの圧力が硬から軟へ転換する中で、党外の内部でも国民党との対話を求める一派と、一切の妥協を排し当局との対決を主張する陳水扁、邱義仁ら若手グループとの間に対立が発生している（前出訳書『台湾クロスロード』）。それでも八五年九月には大同団結の方針で何とかまとまったのは、十一月の地方選挙を新党結成へのはずみにしようという統一した意思があったからであった。

別途結成された「党外選挙中央後援会」は、すでに恒例となった共同政見の中で、七八年以後は党外の基本路線となった「住民自決」のほか、台湾の地方語の尊重などをうたい、とくに「新党結成」を重点目標に掲げた。選挙では党外は歴史的な進出を果たすことになる。台北市議会選では党外十一人が全員当選して後々まで語りぐさになり、省議会選は十八人中十一人、高雄市議会選は六人中三人が当選、さらに台南県長、台北県長、台中県長選に出た陳水扁、尤清、許栄淑も、落選したとはいえ高水準の得票を集めた。党外と無党派候補の支持率は全国平均で三〇パーセントを上回った（前出訳書『台湾クロスロード』）。

2　民進党の誕生

「溝通」をめぐって

一九八六年二月、台湾の隣国フィリピンで「ピープルス・パワー」が独裁者マルコスを追放する民主革命が発生した。ことに台湾の民主勢力を勇気づけ国民党にとって衝撃的だったのは、長く独裁政権の後ろ盾だったアメリカがいともあっさりとマルコスを見限った事実である。このほかにも、前年に超大国ソ連の権力を握ったゴルバチョフがペレストロイカに着手し、ポーランドでは非共産党勢力の自主管理労組「連帯」が政治の表面に出てくるなど、冷戦の枠組みにきしみが生じ、民主化は世界の潮流になり始めていた。国際社会の孤児になった台湾といえども、国民党の権威主義支配にしがみついていたのでは生存は難しい国際環境が形成されつつあった。

前節にも触れた通り、蔣経国はなし崩しの台湾化を進めながら、一方で党外との接触、漸進的な民主化を構想し始めていた。彼が党副秘書だった梁粛戎《りょうしゅくじゅう》（一九二〇～　）や党外と関係が良かった実業家の呉三連（一八九九～一九八八）を通じて党外と間接的に接触したのは、美麗島事件よりも前の一九七八～七九年にさかのぼるが、成果はなかったといわれる（黄黙 'Political Ko'tung and the Rise of the Democratic Progressive Party in Taiwan：1984–1986'『東呉政治學報』一九八五年一月号所載）。

蔣経国にとって一九八五年は決断の年となった。前年の江南事件に加え、この年二月には台湾最大の信用組合だった台北第十信用合作社の巨額の不正融資が発覚し、監督官庁の責任者が詰め腹を切らされる事件（十信事件）が起きた。二つの事件で、国民党一党支配の正統性はますます疑わしくなった。自分の健康状態ともにらみ合わせ、政権の危機はもはや猶予の余地なしと見た蒋経国は、八月米週刊誌『タイム』に「次期総統を蒋家から出すことは考えていない」とハラの内を明かす一方で、その直後の秋ころには野党との間に何らかの合意を成立させることを決めている（前出の黄黙論文）。

八六年三月の国民党中央委員会総会で、蒋は党外との「溝通《ゴウトン》」（対話）を進めるために十二人からなる「政治革新小組」を設け、具体案を出すよう指示した。その期限は六月ころであったが、国民党案がまとまるのを待たず別口の調停者が現れた。最も権威ある大学として知られる台湾大学の著名教授四人のグループがそれである。政治学者の胡仏《こふつ》、東京大学で博士号をとった憲法学者の李鴻禧《りこうき》ら四人は、美麗島事件のような衝突が発生して台湾が再び混乱に陥るのを心配して、前年から内々に当局と党外との調停工作を進めていた。

四人の調停団は四月に入ると蒋経国、康寧祥らと精力的に会い、新しく調停団に入った総統府国策顧問の陶百川らの奔走もあって、五月十日に初めての「溝通」が実現した。国民党から梁粛戎ら副秘書長三人、党外からは康寧祥、尤清ら八人が出席した初顔合わせは数時間に及び、かなり激しい応酬があったとされる。梁らは、対話には誠意をもって臨むが、非常時にあっては完全な自由と人権は保証し難いことを強調した。一方の党外側は、戒厳令の撤廃から多党制の導入にまで及ぶ長大な要求を述べたてた。最終的には胡仏が示した次のような三項目の合意で妥協が成立した（前出の黄黙論文、及び前出訳書『台湾クロスロード』）。

一、民主憲政を実施するが、具体的措置については協議を継続する。

二、公政会とその支部の設立を認める。ただし登録や名称についてはさらに協議する。
三、対話中の政治的安定と融和を保持するため、双方とも努力する。

留保だらけの合意ではあったが、両者の険悪なにらみ合いがひとまず解けたという意味では前進といえる内容であり、メディアも学術界ももろ手を挙げて歓迎した。だがその後「溝通」の進行は芳しくなかった。五月下旬の第二回は決裂がかろうじて避けられただけで終わり、七月七日に予定されていた第三回は延期を重ねているうちに党外が民進党結成を強行したため、打ち切りになってしまう。見切り発車の形で民進党が発足し、後述するようにそれに国民党が全く手出しできなかったという結果からしても、台湾の内外情勢が当局の思惑を超える速さで進んでいたことがわかる。蒋経国の狙いはあくまで漸進主義であり、国民党のコントロール下で法制化のプロセスを踏み、三〜四年の時間をかけて多党化に進もうというものであった（前出の黄默論文）。ところが党外は前年の選挙の勝利だけでなく、体制側が抱く危機意識をも追い風に利用できるという、相対的に有利な立場にあった。

それればかりでなく、党外の若手急進勢力が「溝通」にこだわろうとする主流派を盛んに突き上げ、危機意識に駆られた当局の圧力マシーンが旧態依然の弾圧手法に訴えたことも、かえって新党結成へのはずみをつけることになった。急進派の鄭南榕《ていなんよう》（一九四七―一九八九）らが戒厳令体制の長期化に抗議して台北の下町で組織した「五・一九緑色行動」では、参加者とその数倍の警備陣が十数時間にわたってにらみ合う険悪な局面が出現している。この行動が党外主流派に対する急進派の批判であることは明らかであった（前出訳書『台湾クロスロード』）。

党外雑誌に対する圧力も弱まったわけではなく、国民党系の人物が『蓬莱島』の掲載した記事を取り上げて名誉毀損で告訴し、陳水扁ら関係者三人に懲役刑が言い渡されると「入獄惜別会」が繰り返し催され、三人は「君子」と称賛された。さらに、党外の台北市会議員・林正杰《りんせいけつ》が国民党議員を批判したところ、議員の免責特権にもかかわらず誹謗罪にあたるとして起訴され、有罪の判決を受けた時には、主要都市で大規模なデモが十数日間繰り広げられ、出動した警官隊もただ傍観するほかなかった。アメリカでは、美麗島事件前に亡命した許信良らが七月に「台湾民主党結成準備委員会」を設立し、ケネディ上院議員、ソラーズ下院議員らは台湾に野党が結成されることを支持すると言明していた。新党の発足はもはや時間の問題となった。

野党結成の日

民進党が結成された当日のいきさつそのものは、あたかもハプニングが起きたような趣を呈した。「教師デー」の連休初日にあたる九月二十八日朝、台北のホテルで党外選挙中央後援会の候補者推薦大会が開かれた。たまたまこの前日に後援会の代表による座談会があり、「新党の発起人大会を早急に開くべきである」という提案がなされていたため、推薦大会の休憩時間を利用して午後から発起人会が開かれた。発起人たちの意見は二つに分かれた。康寧祥、座長の費希平らがまず新党設立準備委員会を設け、時間をかけて党結成に進むべきだとしたのに対して、朱高正、謝長廷らは、発起人らがあらためて参集するのは難しいし、この場で新党結成を宣言してしまえば国民党もあれこれ策動できなくなる、と説いた。

議論が進行するにつれて、朱らの即決論が次第に優勢を占めるようになった。白熱した議論の締めくくりに立った尤清が、「党規約や綱領については公政会の支部ですでに討論されたのであるから、これ以上議論の必要はない。即刻結党を宣言すべきである」と発言したことで、大勢は決した。午後六時五分、座長の費希平が民主進歩党の成立を宣言し、興奮した発起人たちは一斉に立ち上がり、拍手で野党の誕生を祝福した（前出の黄默論文、及び前出訳書『台湾クロスロード』）。

あれよあれよという間のできごとであったから、党の綱領や憲章をじっくり討論しているいとまなどはなく、費希平、尤清ら指導者七人の「作業グループ」が委任してあとから草案を作成することにし、本来なら重要案件であるはずの基本文件までがあっさり後回しとなった。第一回の党大会を十一月十二日に開くことだけは決め、年末の選挙に立候補することになっていた者をはじめ、推薦大会に集まった百三十二人をそのまま創党党員に振り替えるというあわただしさであった。

康寧祥ら穏歩前進派は、これより前の六月半ばに党外が目標とすべき「民主のタイムテーブル」を公表していた。それによると新党の結成は一九八七年、戒厳令の解除は八八年であった。党外穏健派の目標からでは、結党は一年ほども繰り上がったことになる。

一見したところではいい加減な拙速主義のようであるが、現実には必ずしもそうではなかった。急進派の「党外編聯会」、公政会それぞれの内部に七月初めに結党準備グループがつくられ、ほどなく両者が合流して年末の選挙前に結党に踏み切る準備がひそかに進められていたし（前出『蒋経国と李登輝』）、結党の宣言者になった費希平も候補者推薦大会の直前に訪米し、在米の同志たちと新党の結成についてぎりぎりまで調整をしていたからである。党名についても、かつて雷震らが掲げたことがあって国民党を不必要に刺激しそうな「民主党」は避け、広い支持を連想させる謝長廷案「民主進歩党」

で基本的に合意ができていた。尤清は推薦大会の十日前には「結党の機は熟した」と判断して結党宣言の草案をつくり、署名まで集めていた（前出の黄黙論文）。

それにしても、「党禁」が法律上まだ生きているのを承知の上であえて法を冒して野党の結成を強行したことは、冒険には違いなかった。法務当局がすでに「この非常時に新党を結成することは許さない」と公言していたことでもあり、翌日再び顔を合わせた主だったリーダーはみな投獄を覚悟していた。選挙の立候補予定者が逮捕された場合に備えてあてうまの指導陣の顔ぶれまで相談したが、デモなどの実力行使に訴えようと主張する者はいなかったという（前出の黄黙論文）。

だが電撃的な野党の出現に対する国民党側の反応は、新生民進党のリーダーが予見したよりもはるかに慎重であった。蒋経国は民進党創立宣言の翌日から三日連続して党、情報機関、軍の首脳を集めて緊急会議を開き、それぞれの意見を徴した上で、「とくに指示がない限り軽挙妄動を慎むべし」と命じて、新党の成立を黙認する態度をとったのである（前出『戰後台灣史記・巻三』）。

国民党の首脳が意外なほど穏和な姿勢に徹することになった一因は、「溝通」の調停団の一人だった胡仏の奔走があったからだとする説がある。胡仏は民進党発足の知らせを耳にすると、たまたま第三回の「溝通」が延期を重ねた末に近々に開かれることになっていたのを利用し、まず梁粛戎と連絡をとった。胡の緊急避難的アイデアは、野党はなお結成準備の途上にあるということにして表面を取り繕い、「溝通」はなお継続中なのだから当局も約束通り苛烈な行動を控える、というものであった。梁を通じて蒋経国の了解を取り付けた胡は、当夜のうちに費希平に電話し、民進党もこれ以上は自重するという約束を得た。かくして歴史的な一日は平穏無事に経過した、というのである（前出の黄黙論文）。

事後の蒋経国、民進党

胡仏のアイデアは双方の面子をかろうじて守った名案ではあったが、蒋経国の処置はその場しのぎを超えて、大局的な判断に立ってのものであったようである。

その後開かれた国民党常務委員会の席上で、蒋経国は「時代は変わり、環境が変わり、潮流もまた変わりつつある。こうした変化に応じて与党は新しい観念と新しい手法を取り入れ、民主憲政の基礎に立って革新的な措置を進めねばならない」と訓示している（前出『台灣史100件大事・下』）。国民党みずからが「革新」を遂げようとしている時に、民主制度の普遍的な常識になっている野党の存在を認めないわけにはいかなかった。

十月七日のワシントン・ポスト社主とのインタビューではもっと踏み込んで、「人民が集会と結社の権利を有することはかねて理解してきた。ただし、そのさい〔人民は〕憲法を遵守するばかりでなく、憲法が定める国家体制に依拠することを認めねばならない。新政党は反共でなければならず、『台湾独立』運動のような分離運動を進めてはならない。これらの条件に合致するのであれば、新しい政党を設立することを容認するつもりである」と明言した。体制を否定せず、反共で、独立を求めるのでなければ「党禁」を解除する方針に踏み切ったのである。

この「蒋経国三条件」には、民進党もあえて異を唱える気はなかった。四日後に発表された新党の声明は、独立や自決の主張に関連するような文言を慎重に避けつつ、憲法を遵守することに異存はないこと、暴力主義には反対であることを表明して、穏やかに応じた。こうして、戒厳令のもとに戦闘的体質を持つ野党が誕生し、不法な存在であるはずの野党が処罰されることなく無事に第一歩を踏み出した。形の上では明らかに矛盾のある処置ではあったが、制度と現実との乖離が根本的に解決される前の段階で穏当な解答を得るには、形式上の不合理に目をつむり、現実の合理の方に合わせて柔軟に処理するしかなかったのである。

「光復」以来四十年余にしてようやく歴史的な一歩が刻まれると、残る重大懸案はすでに記録的な長さになった戒厳令をどうするかであった。蔣経国は在野勢力がつくり出したモメンタムにすすんで相乗りするかのようにして、迅速に動いた。十月十五日、かねて改革案の検討を命じておいた国民党の「政治革新小組」に、戒厳令を解除して「国家安全法」に代えること、団体組織法と選挙法を修正し「党禁」を解くことを常務委員会に提案させ、党の方針として採択してしまったのである。

こうして蔣経国は、相変わらず一進一退の自分の病状をコントロールしつつ、二大懸案を二週間半ほどの間に一気にさばききった。前記した「時代は変わり、環境が変わり……」という訓示は、野党の成立を一切の混乱なく乗り切り、併せて長らく制度的諸矛盾の根源だった戒厳令の撤廃へ明確にレールをしき、難局を何とか切り抜けた後のこの会議で、蔣経国の口から吐露された感慨であった。

第一回党大会

十一月十日、民進党の第一回大会（全国代表大会）が台北のホテルで開かれた。結党時の申し合わせよりも二日繰り上げられたのは、本来の予定日の十二日に在外の熱心な民主運動家が大挙して乗り込むことになっており、不測の混乱が心配されたからである。表向き政党と認知されてもいない政治団体の大会が、大勢の外国帰りを迎えて市民の耳目を占領するほど派手に開かれるとなると、当局が黙っていられなくなる事態は十分あり得た。

アメリカを中心とする在外民主運動は、自由の天地に住む活動的な若いインテリを多数擁していただけに急進的であり、社会主義の信奉者を含め概して独立指向が強烈であった。強権体制下で苦労してきた島内の民主運動の側から見れば、彼らは心強い応援部隊であると同時に御し難い過激集団でもあり、両者の関係については結党以前からぎくしゃくしていたという説(前出訳書『台湾クロスロード』)と、打てば響くような良好な関係にあったという説(孫慶餘『民進黨現象』台湾・日知堂)の両説がある。

午後零時半から始まった大会は党の綱領(党綱)と規約(党章)を討論・採択し、中央委員三十一人を選出(うち十人は海外枠)した。綱領は「われわれの基本的主張」という副題のもとに党の原則と政策方針をうたった「基本綱領」と、「当面の問題に関するわれわれの具体的主張」の副題で政策を百三十九も列挙した「行動綱領」の二部分に分かれている。基本綱領に盛られた主な主張のみ要約すると、次の通りである。

甲　民主的で自由な法・政治秩序。暴力と専制は形式を問わず排除し、多数の自由意思と自主的決定に基づいて法・政治秩序を樹立すべきである。権力の分立とチェック・アンド・バランス、法に基づく行政、司法の独立、政党間の平等と自由などを保証することを基本原則とせねばならない。過去三、四十年来、国会は全面改選されず、戒厳令は長期化し、臨時条項によって憲法は空洞化し、憲政の原則が歪曲されている状況に立ち、以下要求する。

・人間の尊厳と基本的人権の擁護。言論、出版、集会、結社の自由にはいかなる制限も加えてはならない。

・国民主権の原則の確立。各級の議会は一定期間のみ権限を委託されるにすぎず、適宜全面的に改選されなければならない。

・政党政治の健全化。政党の自由、平等、党内民主の原則が遵守されねばならない。

乙 経済・財政の安定した成長。

丙 公平で開放的な福祉社会。

丁 創造的かつ進歩的な教育と文化。

戊 平和と独立の国防と外交。中共〔中国〕の国連加盟後、台湾は国際社会において孤立を深めており、台湾の対外発展は著しく阻害されている。しかし国民党政府は依然として全中国を代表すると主張し、反面で「三不」政策を捨てず、自らの自主生存能力と発展の展望を損なっている。従って以下主張する。

・国際関係の回復と発展。

・台湾の前途は台湾の全住民によって決定する。すべての人民は自決権を有し、その政治的地位を自由に決定することができる。台湾の前途は自由・自主・普遍的・公正・平等な方式により、全住民が共同で決定せねばならない。いかなる政府・政府連合も、台湾の政治的帰属を決定する権利を持たない。

・台湾海峡両岸の対抗を終結させる。両岸の制度に大きな差異がある中では、人民の生活の改善を優先すべきであり、緊張や対抗関係をつくり出してはならない。両岸の問題は全住民の自由意思によって自主的に決定されねばならず、国民党・共産党が「人民自決の原則」に反して談合によって解決するような方式には反対する。

政党の綱領である以上主張と要求が良く言えば包括的、悪く言えば総花的であることは当然であるが、そうした包括性では一九七八年十月に「党外助選団」が発表した「十二大建設」が綱領の雛形となったことを思わせる。

だが綱領で何と言っても際だっているのは、台湾住民の「自主性」が過剰なばかりに強調されていることである。前章に触れた通り、「住民自決」が在野勢力の総意として明白に表明されたのは「十二大建設」の二か月後、米中国交樹立発表の直後にあたる七八年十二月の「国是声明」が最初であった。「声明」と綱領を読み比べてみると、「声明」の締めくくり部分である「われわれの目標」の一節、「いかなる強国も他国の人民の命運を握ることはできず、台湾の命運は一千七百万〔台湾〕人民によって決定されねばならない」というくだりは、趣旨ばかりでなくトーンまでが綱領とよく似通っており（七六ページを参照）、「自決綱領」の精神が、戦後台湾にとっての未曾有の危機にさいして出された「国是声明」に源流を発するものであったことがわかる。

ここで問題になるのは、「自決綱領」が野党結成容認にあたって国民党から示された「蒋経国三条件」の中の「独立を求めない」という一項に反していないか、という点である。自決と独立とでは次元が異なるとは言えるにしても、自決の究極的表現が独立になる可能性はきわめて高いであろう。その意味で、厳密さにこだわれば綱領は精神において「三条件」と整合しないことは明らかである。だが民進党は結党の第一歩ですでに微妙な党内対立を抱えており、国民党との間でいかに呼吸を合わせるかに拘泥していられない状況にあった。一九八〇年代前半に始まった「美麗島」系と「新潮流」系の論争はその後も明白な決着がつかず、結党の時点では、議会路線を重視し美麗島事件関係者を中心とする美麗島系が、数の上では多数を制していたが、ロジックと大衆運動に固執する若手理論家らの新潮流系は、少数派ではあっても結束力で対抗していたからである。結局綱領の起草プロセスを握ったのは新潮流であり、独立指向の濃厚な彼らの理念に沿った「自決綱領」が、翌日午前零時過ぎまでかかった激論の末に採択されたのであった（前出『戰後台灣史記・巻三』）。

ともかくも新生民進党の第一回党大会は無事終了した。当局は十数人の警備・情報要員を会場に張り付かせて「状況を観察した」だけで、大きなもめ事は起きなかった。翌日の中央委員会は翌月の選挙に出ない江鵬堅を初代主席に選出した。結党時に発起人会座長だった費希平は一票差で落選している。江は名うての新潮流系、費は康寧祥にも美麗島系にも近い穏健派の代表格であった。

初体験の多党制選挙

民進党の結党に前後する一九八六年から八七年は、「党禁」と戒厳令の解除に向けて視界が一度に開け、特務と警察の厳しい監視が緩み、社会の雰囲気が急速に変わった時期である。この節で前記したように、急進的な若手インテリが八六年五月以降さまざまな街頭活動を組織するようになると、政治向きのことがもともと決して嫌いではない台湾人は、大っぴらにそれに参加した。八六年九月に党外の台北市会議員・林正杰が入獄した時のように「送別デモ」が数万人にも膨らむ、といった現象がしばしば起きるようになった。

民進党が動き出し、政治の自由化がもはや疑いない現実として確認された八六年の末以降、市民はさらに大胆になり、大都市の街頭は一段と騒がしくなった。八六年五月に「五・一九緑色行動」を組織した鄭南榕は、長くタブーだった二・二八事件関係者の名誉回復を要求してデモ、集会、講演会を翌年一月から長期間繰り返し、時には警官隊とにらみ合うような緊張した局面も出現した。学生、女性、労働者の団体が種々の要求を掲げて街頭に繰り出し、その中から環境保護団体や消費者などの全く新しい運動が勃興してきた。

台湾史学者の李筱峰は、こうした台湾社会の雰囲気の変化を、次のように記している。

> 歴史の時間的流れの中で観察すると、一九八六年から八七年に至る時期は、台湾にとって政治と社会の転換期であった。中国国民党政府が台湾に移ってきて以来の政治と社会に突破口を開くような展開が、最も多く見られたからである。こうした突破性の発展は、当局に絶えず批判を突きつけ、政府のタブーに挑戦してきた党外の運動と密接な連動関係を持っていた。
>
> （前出『台灣史100件大事・下』）

八六年末の立法院増員選挙は、こうした雰囲気の中で進められた。「党禁」の解除が正式に法令化されたのは翌年一月であり、民進党が政党登録されたのは五月であったが、この選挙は実態としてはもはや国民党一党独走型の選挙ではなかった。発足したばかりの民進党は十九人の候補者を立て、国民党と対等の意識で、実質的に初めての多党制選挙を戦った。

民進党の選挙運動は結党直後の勢いで大いに盛り上がり、時には過熱の様相を呈した。在米の「民進党海外支部」(「民主党準備委員会」から発展した組織)のリーダー許信良が帰国するという噂を発端に、台北郊外の国際空港で起きた民進党員ら民衆と警備陣の衝突事件も、そうした過熱現象の一例である。朝から空港に集まった群衆は康寧祥、余登発ら民進党の指導者をはじめ数千人にも達した。警備側は戦車まで出動させて空港を封鎖し、放水して群衆を解散させようとしたことから衝突が発生、投石で警備車両が破壊された。この一件でメディアが「民進党の暴力路線」を非難したため、後に実際の状況が明らかにされるまでの間、民進党の人気は一時的に落ち込んだと言われる(前出『台灣クロスロード』)。

許信良の帰国は噂だけではなかった。このころには、海外の民主化活動家が少しずつ帰国し始めており、長い民主化運動歴を持ちながら六年間の亡命生活を強いられた許信良も、選挙を機に傍観者的存在でなく「参加者」として台湾での政治活動に復帰する気構えであった。彼は実際にマニラから空港に到着したにもかかわらず、事前の機内検査で入国を拒否された。拒否を申し渡した空港警察官は許信良に、「命令でこうしているだけだから、悪く思うな」と言い訳したという(夏珍『許信良的政治世界』台湾・天下文化出版)。

選挙の結果、民進党はほぼ予想通り大幅に進出し、一九八三年選挙の二倍にあたる十二人を当選させ、二二パーセントの票を獲得した。七十三の当選定員からして強力な野党勢力を構成するには至らなかったが、翌年の立法院では曲がりなりにも院内団を構成し、国民党が提出した「国家安全法」の審議などでは、最低限のチェック・アンド・バランス機能を果たすことになる。

こうして出現した政治状況は、民進党にとって当面望み得る最良の結果にあたるものであっただけでなく、漸進的な民主化によって対外的信用を取り戻そうとした蔣経国にとっても、ひとまず予期通りであった。翌一九八七年七月十五日、戒厳令が解除された。これに先立つ一月には「党禁」が、八八年一月には新規の新聞発行を禁じた「報禁」も、歴史の遺物として廃棄され、台湾は新しい時代を迎えることになる。

第4章

転生への挑戦

野党としての躍進と挫折

言論の自由を要求して一九八九年四月焼身自殺した鄭南榕の追悼集会で。（提供＝聯合報）

「党禁」破りというリスクを冒したにしてはひとまず順調に第一歩を踏み出した民進党だが、民主化運動のチャンピオン的存在であることを叫んでいれば党勢は自然に拡大してゆく、というわけにはいかなかった。

台湾のように国際環境の変化の影響を受けやすく、内部の変転も激しいところでは、内外情勢の変化にいかに適応するかは、野党にとって死命にかかわる重大問題となる。かりに組織が強力で新しい状況に対する判断が的確であったとしても、自党の方針を政策として実行して見せるチャンスが決定的に乏しいのは何と言っても不利だし、与党とは異なる有効な選択を示して見せなければ、選挙民を納得させて勢力を拡大することはできない。政権党との関係にも微妙なさじ加減が求められる。過去の路線にこだわってチャンスを逸するようなら、万年野党になり下がるか、悪くすれば分裂・消滅の運命が待っているのである。

そうした意味で、民進党は常に変成を続けざるを得ない境涯にあり、実際にもそうしてきた。ある段階で党の絶対的なドグマであったものが、数年も経たないうちに次なる転生の足枷になるということさえ起きている。そのプロセスは単なる紆余曲折を超えた、挑戦の連続であった。

十三年半の民進党の歴史は、それなりに一つのサクセスストーリーだったと言えなくはない。立法院の選挙の結果を見ても、結党直後の得票率二二パーセント、当選議席に占める比率一六パーセントから、ピーク時の一九九五年には得票率、議席占有率ともに三三パーセントへ躍進しているし、政治勢力として何とか認知されるだけの存在から、二〇〇〇年の総統選では政権奪取を実現させるに至ったからである。

だがこうした「成功」は、政党としての弱点が克服されたことを意味するものではないし、ポスト李登輝時代を無事生き延びてゆけることを保証するものでもないだろう。むしろ一時の成功それ自体が次なる挫折の原因を生み出し、党は絶えず厳しい挑戦をつきつけられてきたというのが、さして長いとも言えないこの党の歴史に見られる真実なのである。

1　台湾は独立すべきなのか

派閥均衡の消長

民進党が民主化運動と台湾ナショナリズムのパッションの中から生み出された政党だったとはいっても、この党が民主と自決の理想に燃える美しい党であり続けた、というわけではもちろんなかった。ある意味ではむしろその逆であり、挙げ始めたらきりがないほどあちこちに欠点を抱え、組織としてまとまりが悪く、時には党内ポストの割り振りに金品が絡むような醜悪な局面さえ露呈された。

党の出発第一歩において最も顕著な弊害として必ず挙げられるのが、派閥(「派系《パイシー》」)連合的な体質である。国と時代を問わず政党に派閥はつきものだが、民進党の場合、選挙のたびに応援演説に駆けつけるある学者に言わしめれば、「特定の政治的主張を持つ者が民進党の看板を借用しているだけのことがあまりに多い。この党を普通の意味での政党だと思わない方がよい」というほどである。

すでに何度か触れた通り、民進党の派閥構造は「党外」時代における民主化の理念と運動の重点の相違に源を発する。結党以後も派閥の角逐はかえって激しさを増して、組織としての統一した意思の形成を妨げるような事態がしばしば起きた。そうした中では、党の主席も絶対的なリーダーシップを発揮しにくい。民進党は結党の段階で集団指導制の原則を採用している。それは伝統中国流の権威主義を捨てて「民主」を強調しようとする意図からだけではなく、派閥均衡体質のために主席の一元的指導体制がとれなかった事情の反映でもあった。結党当初、主席は任期一年、再任不可（一九八八年以後は任期二年、一期に限り再任可と修正）であり、その後も概ね主席と中央委員会の二元指導を続けてきている。

第一回党大会当時の中央委員会三十一人の派閥構成は、急進的な「新潮流」系が十三人で最も多く、党綱領の決定プロセスと人事を握った。いま一つの大派閥であった穏健勢力の「美麗島」系はわずか四人、康寧祥《こうねいしょう》系と超派閥人士のグループが十一人、林正杰《りんせいけつ》ら中道グループが三人であり、穏健三派を合わせれば十八人となる。これで「新潮流」との間でほぼ均衡がとれていた（黄徳福『民主進歩黨與台灣地區政治民主化』台湾・時英出版社）。

「美麗島」系は、一九七九年に発足した美麗島雑誌社のネットワークを原型に、各派の中で最も長い歴史を持ち、中産階級を主たる支持基盤に、議会活動を重視しつつ体制内改革を目指してきたグループである。党員数では多数を占めるとされていたが、八六年当時は黄信介《こうしんかい》と張俊宏《ちょうしゅんこう》が投獄中、許信良がアメリカに亡命中でリーダー不在の状態にあり、中央委員は許栄淑らごく少数、指導中核にあたる中央常務委員会の委員は皆無であった。その後これら三人が釈放と帰国で第一線に復帰し、新たに若手も加えて勢力を回復した。八九年の第三回党大会では主流を構成することになる。

これに対して「新潮流」系は、八四年に若手インテリを中心に創刊された党外雑誌『新潮流』を出発点とし、美麗島事件の影響を受けなかったために結党後二年間民進党の主流を制した。大衆運動に依拠する反体制と自決の追求という急進路線は、自決＝独立を表面に出そうとする党の主張に反映しただけでなく、権威主義体制下で漸進的な民主化と台湾化を進めようとする国民党当局と、鋭く対立することが少なくなかった。

急進派と穏健派の角逐が最もはっきりと反映したのは、台湾独立を主張することの可否をめぐる問題である。八七年十一月の第二回党大会では、党綱領に「人民は台湾独立を主張する自由を有する」という文言を加えるべきだという提案が出され、激論の末に結局見送られたものの、独立か統一かの選択が党の議論にのぼる第一歩になった。

同じ提案は翌年四月の臨時党大会にも提出された。「独立主張の自由」を支持する党員が六二パーセントを占めるという調査結果を背景に再び激論が交わされ、不採択にはなったが決議の形で独立に進むための条件がうたわれた。当時まだ美麗島系だった陳水扁《ちんすいへん》が提案したいわゆる「四つの『もし』」である。もし国共両党が一方的に和平協定を結ぶか、国民党が台湾人民の利益を中国に売り渡すか、中国が台湾を統一するか、あるいは国民党が真の民主憲政の実施を怠った場合には、民進党は台湾の独立を求める、というものであった。

民進党が自決＝独立問題で急進的な態度を徐々に強めたのは結党の勢いのためだけでなく、八七年七月の戒厳令解除で自由化ムードが台湾を覆ったためでもある。だが蔣経国《しょうけいこく》三条件を成文化した国家安全法を戒厳令に替えて導入し、その第二条で「国土の分裂を主張してはならない」と定めた国民党当局には、民進党の急進化を放置しておく気はなかった。蔣経国が死去した直後の八八年一月半ばには、新潮流系の活動家・蔡有全《さいゆうぜん》らに台湾独立を主張したとして有罪判決を下している。

そうした中で、八九年四月ショッキングな事件が発生する。やはり新潮流系の社会活動家として知られた鄭南榕《ていなんよう》が、著名な在日独立運動家の許世楷《きょせいかい》(一九三四～　)の「起草」した「台湾共和国新憲法草案」を、自分の主宰する雑誌『自由時代』に掲載して起訴された。彼は出廷命令を拒否して雑誌社に七十一日間立てこもり、最後に警官が強制連行に出向くと、ガソリンをかぶって焼身自殺して果てたのである。「国民党が受け取ることができるのは私の身柄ではなく遺骸だけだ」というのが最期を前にした言葉であったという。

この事件は台湾社会に衝撃を与え、翌月の彼の葬儀当日には二キロに及んだ葬列が総統府前にさしかかったところで、参列していた高雄の独立運動家が鄭にならって焼身自殺を遂げた。こうして、民衆が台湾独立の主張に耳を傾ける機会は増えていった。民進党内では康寧祥系のような超穏健派は急速に衰えてゆき、八八年の第三回党大会では二大派閥に吸収されて姿を消してしまう。

内外の変動に揺れる

鄭南榕の葬儀の翌月、北京で天安門事件の流血が発生した。翌年初めにはソ連が一党独裁を放棄し、ソ連邦下の共和国がバルト三国を先頭に連邦離脱、独立へ動き始める。八八年一月に蔣経国が死去し、副総統だった李登輝が初めての台湾人総統に昇格した後、台湾化はさらに進む気配であった。台湾人にしてみれば、貧しい専制国家・中国との統一は、少しでも先に延ばしたい悪夢であることが確認されたのであり、独立はもはや遠慮する必要のない国際的趨勢であり、しかも新任の総統は「蔣王朝」とはひとまず無縁の台湾人である。台湾の世論は、国民党が提示してきた統一への公式プログラムよりも、民進党の唱える独立の主張に魅力を覚え始める。

八九年の末に行われた立法院の増員選挙など三種類の同時選挙では、民進党の中で独立を主張するグループは「新国家聯線」をつくり「台湾共和国憲法草案」を公然と示して戦い、三十二人の候補者のうち二十一人を当選させた。当局が「法による制裁」をちらつかせたにもかかわらず、「反乱の容疑者」だった鄭南榕の妻・葉菊蘭が立法委員に当選したのをはじめ、独立派の候補者は合わせて百三十万票を集めた（前出『台灣史100件大事』）。

ところが、民進党の党内状況は必ずしも世論の動向を反映する方向には動かなかった。指導層の構成はむしろ穏健派寄りに揺れ戻したのである。その最大の原因は、八七年五月に美麗島系の大物として知られる黄信介と張俊宏が出獄し、八八年十月の第三回党大会で主席と秘書長に選ばれたからであった。この大会から九一年の第五回党大会前までの四年間は、民意が独立論に次第に傾斜し始めたのに逆行して、中央常務委員会は穏健派グループが多数を占めることになった。

その後数年間、民進党の内部動向はかなり複雑な様相を呈する。主な原因は二つあった。一つは、後述する通り李登輝を中心とする国民党主流派と林洋港（一九二七〜　）ら非主流派との権力争いが激しくなり、李登輝が民進党の穏健派を抱き込んで独自の民主化を進めようとしたことである。いま一つは、民進党の指導部を追われた非主流派が「新潮流弁公室」を組織して、全土で草の根的な組織・訓練運動を開始し、疑いなく拡大した独立支持層をバックに主流派批判を展開したことであった（前出『民主進歩黨與台灣地區政治民主化』）。

九〇年十月の第四回党大会第二回会議では、こうした両派の角逐の中でとりあえず妥協が成立し、前主席で新潮流系の姚嘉文《ようかぶん》が提案した「わが国の主権は中国大陸と外蒙古には及ばない」ことをうたった決議を、両派合意の上で採択した。「中華民国」の主権が台湾・澎湖・金門・馬祖及びその付属島嶼に限定されるということは、これら地域に中国の主権が及ばないことを意味し、間接的な台湾独立論にほかならない。台湾が独立した主権を有することを承認するように中華人民共和国に呼びかけた「建議」が採択されたこと、党名を「台湾民主進歩党」と改める決議案を出す動きがあった（後に撤回）ことと併せ、新潮流系の台湾独立論が党内の主流を占めつつあることはすでに明らかであった（柳金財『民進黨大陸政策剖析』台湾・時英出版社）。

九一年十月十二日から二日間開かれた第五回党大会は、いわゆる「台湾独立綱領」を採択し、民進党の路線選択に後々にまで大きな影響を与えた節目にあたる大会である。まず、民進党が従来とは異なる力関係の中に置かれるようになった状況を見ておきたい。

大会で主席に立候補したのは美麗島系の許信良、前年に出獄し新潮流系に推された施明徳《しめいとく》の二人であり、許が僅差で当選した。その前日に選出された中央常務委員は美麗島系が四人、新潮流系と独立系が合わせて七人であったし、前回大会以後の趨勢からしても主席選挙の結果は不可解なものであった。

このころの党内事情に触れた批判的論文によれば、主席選挙では一票三十万元ほどで買収が行われたという噂が当時あり、悪評のあった無名党員が常務委員に当選したのも買収の疑いが濃い。しかも大会が終わり許信良が日本に旅立った数日後、独立運動の活動家九人が当局に一斉に逮捕されたのに、党が見て見ぬふりをしたのも不自然である。このような例を見る限り、国民党が力による民主化運動の弾圧に替えて懐柔と買収で民進党を切り崩しにかかり、民進党はむざむざその手に乗ってしまったように思われる、という（前出『激盪！ 台灣反對運動總批判』）。

こうした批判や疑念には決定的な裏付けはないが、このころ開かれた種々の会議で思わぬ額の金品が振る舞われたりしたことは事実のようであり、また九〇年以後国民党と民進党の首脳とがかなり良好な関係にあったことも、疑いない事実である。民進党には地方私党連合とも言うべき割拠主義的体質がもともとあったのに加え、体制側の民主化工作に付随して、国民党とも党内部でも利益と権益のトレードオフをすすんで受け入れてしまうような悪風が、芽生えてきた気配であった。

この党大会では、党のトップが美麗島系なのに執行中枢の中央常務委員会は新潮流系が主力を占め、指導体制に初めてねじれが生じた。派閥を均衡させることによって結党初期の局面を乗り切ってきた民進党にとって、これはリーダーシップの危機を思わせるものである。それを反映してか、中央の民意代表機構で初めての全面改選として注目された九一年末の国民大会代表選挙では、民進党は得票率が二三・三パーセントにとどまり、八九年立法委員選挙を下回る小敗北を喫している。

「台湾独立綱領」

揺るぎない社会主義連邦国家だったはずのソ連が見る見るうちに解体し、ユーゴスラビアも分解していった一九九一年は、ネーション・ステートが求心力を急速に失い、戦後まれに見る数の独立国が生まれた年である。中国が天安門事件の後遺症から抜けきれずに苦悩を続けていたこともあって、台湾独立勢力にとって国際情勢はまさに追い風であった。

アメリカで急進的な独立運動を続けてきた活動家が大挙して帰国した影響もあり、島内にはこのころさまざまな独立派の団体が続々と誕生した。八月半ばには民進党の呼びかけで「人民制憲会議」が開かれ、「台湾共和国」をうたい込んだ憲法草案が採択された。新潮流系が中枢を握る民進党はこうした流れに乗って、後に「台湾独立綱領」と呼ばれるようになった修正党綱領を通過させたのである。

綱領案は新潮流系きっての理論家で知られる林濁水が起草し、これに中間派と見られていた陳水扁が修正を加え、美麗島系の賛成をも得て、第五回党大会二日目の冒頭で採択された。修正は細部の調整を含めて五項目からなる。基本綱領と行動綱領の修正部分の骨子は次の通りである。

〈基本綱領〉

・台湾の主権の現実に照らして独立・建国し、新憲法を制定し、法・政治体制を台湾社会の現実に適合させ、国際法の原則に則って国際社会に復帰する。

・台湾の主権の現実に照らして台湾の国家としての領域主権、及び対人主権の範囲を新たに画定し、国際法に従って台湾海峡両岸間の相互往来を可能とするような法秩序を打ち立て、双方の人民が往来するにあたっての権益を保障する。

・台湾の社会共同体を基礎として文化の多元的発展の原則を保証し、国民教育の内容を調整し直し、人民の国家・社会・文化的アイデンティティを自然のうちに発展・成熟させ、現実に合致した国民意識を打ち立てる。

・主権の独立した自主的な台湾共和国を打ち立てて新憲法を制定する主張については、国民主権の原理に基づき、台湾の全住民による公民投票の方式に委ねて選択・決定されねばならない。

〈行動綱領〉

・台湾の名義のもとにあらためて国連に加盟すべく、積極的に努力する。

・いかなる形式の一党専制・強権専制にも反対し、暴力革命の手段によらずに政治競争をし、各国との平和的な共存と公平な競争を図り、世界の安定と繁栄のためにともに努力する。

民進党が数年前に「人民が台湾独立を主張する自由を有する」と明言することさえためらったことを思えば、痛快なまでにクリアカットな独立論である。ただし、独立の追求に決定的にコミットしたこの綱領に忠実である限りでは、中国の言う「一つの中国」の原則を受け入れる余地はなく、台湾独立を目指して一路邁進するほかないことになる。ことにこの党が躍進を続けて政権が手の届くところにまで来た時、中国を相手に対話のチャンネルをつなげるのかどうか、中国を手なずけて台湾の安全を守れるかどうかが必ず問題になってくる。その意味で、綱領がクリアカットであればあるほど、「民進党の政治的マヌーバーの空間を狭めた」（郭正亮『民進黨轉型之痛』台湾・天下文化出版）ことになる。

実際にも、二〇〇〇年の総統選で民進党公認の陳水扁は、「台湾独立万歳を叫ぶ党の候補」だと攻撃する国民党の宣伝や、「独立は戦争を意味する」と脅す中国要人の発言に苦しんだ。陳水扁が繰り返し釈明したのは、この綱領が「台湾独立の綱領」ではなく、台湾の将来はあくまで住民の意思に従って決定する点に重点がある、ということであった。つまり、党大会に出された原案に陳水扁自身が修正を加えたことによって「独立綱領」ではなくなった、というのである。

確かに林濁水の原案は、前記した基本綱領の第四項で「主権の独立した自主的な台湾共和国を打ち立てて新憲法を制定する」とストレートに独立を主張し、そこで終わっていた。陳水扁に政治的マヌーバーの余地を何とか将来に残そうとした意図がこの時にあったのかどうか、わからない。だが、彼の修正要求で「台湾の全住民による公民投票の方式に委ねて選択・決定する」というくだりが付け加えられ、強いトーンが少し薄まっていることは事実である。

このころ国民党内では、李登輝と外省人の行政院長・郝柏村《かくはくそん》（一九一九〜）の激しい主導権争いが進行中であった。民進党嫌いで知られていた郝は、民進党の新綱領採択を知ると激怒し、党の常務委員会の席で李登輝に向かい「彼らはわが党が従来示してきた寛容と忍耐を誤解しているのではないか。党と政府は無能かつ優柔不断だと言うほかない」と難詰した。郝はそれだけではおさまらず、民進党を違法団体として解散させるよう李登輝に迫ったという（前出『戰後台灣史記・巻三』）。当局が強腰に転じ、数日後九人の独立運動家が逮捕されたことは前記した通りである。

民進党大会では、許信良が主席の座を取ることに執着していたことは事実だったようであり、買収の噂があっただけでなく、独立団体の党代表から票を集めるために、彼は性急な独立論に反対する美麗島系の立場を打ち捨てて、新綱領に賛成した（前出『民主進歩黨與台灣地區政治民主化』）。このあたりの事情について許信良の伝記では、新潮流系からさえ票を集めることができたのは、「枝葉末節にこだわらず、力の原則を重視したからだ」としか触れられていない（前出『許信良的政治世界』）。これほどの重大案件でまたしても党内権益の露骨なトレードオフが行われたことは、リーダーへの信頼性という点で問題を残すことになる。

「李登輝情結」の始まり

「蔣経国総統が私を副総統に選んだのは、必ずしも後継者として考えたからではなかったと思う。おそらく、自分が病気であのように早く亡くなるとは予想していなかったからである」(李登輝『台湾の主張』PHP研究所)という経緯で副総統になった李登輝は、蔣の死去で総統に昇格した後、「総統になって二年間、私は総統らしい仕事はしなかった。ほとんど何もできなかった。力も派閥も金もない。蔣経国総統のやり方を守りながら協力してやっていくしかなかった」(一九九八年十二月十八日読売新聞とのインタビュー)。

総統就任から二年目なら一九九〇年である。この年五月に最初の任期切れを迎えた李登輝は、国民党の長老が推した林洋港に競り勝って再選される前後から、「総統らしい仕事」に着手する。その第一歩は、六月二十八日から民進党のリーダーも加えて開いた「国是会議」であった。「国是会議の時、政治犯を全部出した。彼らを政治関係のエリートとして国是会議に全員呼んだ。国民党も民進党も呼んで、体制を変える会議をやり、国民が一つに団結していこう、と」(前出読売新聞とのインタビュー)。

このころ李登輝の国民党主流派と黄信介らの民進党穏健派は、改革をいかに進めるかについてきわめて似通った立場にあった。「万年議員」をはじめとする国民党の外省人勢力や本省人保守派の間には、大幅な改革によって既得権益を失いたくないという思惑から、李登輝の独走を抑えようとする気運が強く、一方新潮流系を中心とする民進党の急進勢力には、黄信介や許信良ら美麗島系の穏健派が国民党と安易に妥協してしまいはしないかという懸念があった。

国民党保守派と民進党急進派の懸念は当たっていた。ことに「二年間何もできなかった」李登輝の改革に賭ける決意にはなみなみならぬものがあったようで、なお侮れない実力を持つ保守派を押し切るために、ついこの間まで政治犯だった民進党穏健派人士を特赦し、彼らの公民権を回復してでもその発言力を利用しようとした。国民大会の「万年議員」の露骨な権限乱用に抗議した激しい学生運動が収まったばかりの四月、まず野党主席の黄信介と秘書長の張俊宏を総統府の茶会に招き、国会の全面改正問題や、民主化の障害になってきた反乱鎮定時期臨時条項を廃止する件で、基本的に話をつけてしまったのである。

実のところ、民進党の穏健派人士には本省人の改革者・李登輝に対するひそかな期待と共感が、このころから少なからずあったようである。黄信介の場合では、茶会への招待状を受け取った直後から「李総統の再選は政局の安定に役立つと思う」など、傍目にも可笑しいほどに李登輝を礼賛する発言を繰り返し、茶会が終わると「総統は英明な人だ」と何度も褒め上げた。その発言を自覚の女性議員にたしなめられると、「餅を食べないで餅に毒が入っているなどと言うのは非常識というものだ」とやり返している（前出『黄信介前傳』）。

張俊宏にしてもまた許信良にしても、李登輝に対しては似たような感情が明らかにあり、三人とも昔国民党員だったこととはこのさい無関係らしかった。敵陣営の指導者に民進党員が抱くこの種の矛盾した共感は、現在まで程度の差こそあれ存在し、そうした意識状態を指す「李登輝情結《チンジエ》」（「情結」とはコンプレックスのこと）という言葉は、このころ使われ始めたようである。台湾人のそのような「情結」こそ、『地盤』を持てなかった李登輝の大きな支え」であった（前出『蒋経国と李登輝』）。

六日間の国是会議には、民進党から十七人が出席した。美麗島系を中心に中間派からも陳水扁、謝長廷、尤清《ゆうせい》らが加わり、会議そのものに反対していた新潮流系は、主席経験者の姚嘉文以外には一人もいなかった。会議の目的は憲法や国会や政府をどう改革し、民主化をどのようなタイムテーブルに従って進めてゆくかを討論して煮詰め、コンセンサスを得ることであり、憲法を新たに制定するか改正にとどめるかの問題、総統の選出方法の二点ではかなりの激論であったという。

実際にはこの時得られた合意が、その後進められた「李登輝の改革」の骨格を形成することになる。「万年国会」は一九九一年限りで全部清算し、九二年以降は国民大会も立法院も全面改選すること、台湾省・台北市・高雄市の首長を民選にすること、九六年に総統を「全公民の選挙」で選ぶ（具体的方法は未定）こと、などがその合意の内容である。

両党の執行部は合意をともに「勝利」と宣言した。だが淡い希望をうち砕かれた国民党保守派は大不満であり、李登輝としても郝柏村を行政院長に指名してなだめねばならなかった。一方、李登輝改革を超えたところに改革の目標を置いていた民進党急進派にとっても、合意は小不満であった。彼らには反対給付などはなかったし、タカ派の行政院長まで押しつけられては黙ってはおれず、独立ムードの高揚をバックに執行部を突き上げて、新憲法の制定を党の公式要求に掲げさせた。

穏健派を中心とする民進党の「李登輝情結」は、現実の進行を見る限り、当面の改革を与野党の主流派が一致して進めてゆく精神的原動力となった。現に九二年ころまでは両党主流間の関係はきわめて良好であり、李登輝は皮肉混じりに「一・五主席」とまで言われた。民進党の主席一と国民党の主席〇・五を合わせた存在、という意味である（前出『民進黨轉型之痛』）。

だが李登輝が民進党との共同歩調で改革を進めれば進めるほど、民進党は自党の政策を国民党に次々に先取りされてしまうリスクを背負い込まねばならなくなる。自党の要求が通ること自体は好ましくはあっても、党の独自性は希薄にならざるを得ない。そのような状況は、二〇〇〇年初めまで、基本的には同じであった。結局は李登輝が舞台を去ることによってしか「情結」のマイナス効果から解放されることはない、ということであろう。

2　蠢動する「転型」

民主化が進行する中で

一九九一年の「台湾独立修正綱領」は、民進党が唱える自決路線を凝集したものではあったが、現実の流れの中で見ると、空前で絶後の突出したピークであったことがわかる。新綱領を採択した後、党の執行部は綱領の趣旨を積極的に売り込んだり、その精神を具体化してゆくような行動をほとんどとっていない。採択当日に選出された新主席の許信良も、就任演説で「台湾は主権が自主的に発揮できる世界の舞台に立って生存・発展してゆかねばならず、中国との間で平等互恵の平和的関係を発展させるべきである」と述べ、独立の主張を意図的に回避するような態度を見せた。そうした事実からする限り、執行部は自らが採用した路線の急進性をもてあまし、綱領の実現をサボタージュしていたようにさえ見える。

その年の末の国民大会代表選挙が民進党にとって一歩後退の結果になった原因は、独立綱領が急進的すぎたためだったのか、あるいはリーダーシップや組織に問題があったためなのか、一概には断じ難い。おそらくその両方だったであろう。実際問題として、独立路線を追求しつつ、同時に李登輝の段階的改革に声援を送って民主化の果実のみは享受するということは、かなり実行の難しい芸当には違いなかった。

九一年という年は、李登輝の再選（九〇年五月二十日）を受けて民主化の具体的措置が次々に実行に移された年である。反乱鎮定時期臨時条項が廃止されて中国との敵対状態を公式に終了させ（五月）、「反乱分子」の名の下に反体制人士の投獄を可能にした懲治反乱条例が廃棄され（五月）、それに伴って政治的異端の帰国を阻んできた「ブラックリスト」が効力を失った（六月）。翌年には刑法第一〇〇条から内乱予備・陰謀罪を規定した部分が削除された（九二年七月）。

これらの中には九〇年の国是会議で合意・確定済みのものもあったが、会議とは一応無関係に学生、教員、学者らのデモや署名運動の圧力で撤廃が繰り上がった「悪法」もあった。国是会議で結論が見送りになっていた総統の選出方法については、李登輝自身の決断によって直接民選の基本線が定まった（九二年二月）。ほとんどどれにも李登輝の改革の意図が反映していたことは言うまでもない。民進党は強いて異議を申し立てる必要もなければ、台湾独立路線をことさらに強調することによって、非主流派とにらみ合いを続ける李登輝を困惑させる必要もなかったのである。

李登輝と郝柏村との関係は、九一年半ば以後悪くなる一方であり、民主化の進行も、民進党の独立綱領採択を李登輝が実質的に黙認してしまったことも、郝には不快であった。年末には軍人の昇級をめぐって衝突を起こし、二人の関係はもはや修復困難な状態に陥った。

こうした中で、九二年十二月立法院初めての全面改選が行われた。民進党がとった作戦は、李登輝と対立する郝柏村の行政や失言に的を絞って集中砲火を浴びせ、野党としてポイントを稼ぎながら李登輝を側面から支援する、というものであった。独立路線は表面に出さず、いくぶん穏健なイメージを与える「一つの中国、一つの台湾」を強調する方針をとった。前年の国民大会代表選挙の結果を、「急進独立路線が選挙民に疑問の目で見られている」と受け取ったためであった。

この選挙までの間に、民進党内の勢力分布に若干の変動が起きている。まず台湾独立綱領の採択に至る過程で、結党時の発起人会座長だった費希平のほか朱高正、林正杰ら穏健派の一部が、独立よりも中国との国家連合を目指すべきだとして、党と袂を分かった。林が挙げた離党の理由は、この党には「台湾独立を唱えない自由」がないからであった。

九一年末には陳水扁が議員と民選首長を中心に構成する新グループ「正義連線」を、また九二年選挙を機会に謝長廷が姚嘉文、尤清、張俊雄らと語らって「台湾福利国連線」を、それぞれ発足させた。姚のように新潮流系に属してきた者を含め、みな中間派か中間寄りと目されてきた人物である。二大派閥のはざまにあっては集団を構成しない限り発言力が確保できないという判断に基づく行動であった。この二つの新興派閥は、陳水扁、謝長廷という資質豊かな若手リーダーのもとで徐々に力を蓄え、やがては世代交代に失敗した美麗島系をはるかにしのぐ勢力を築くに至る。民進党はいくつもの派閥間の政策論争を通じて活気を呼び込んだとも言える反面で、ますます統一が維持しにくい集団になっていった。

九二年の立法院選挙は、早くも離合集散が始まった民進党の可能性を試し、新派閥にとっては飛躍への基礎を築く場にもなった。結果は、民進党が得票率で三三・一パーセント、議席数では定数百六十一の三分の一に迫る五十一を獲得した。無所属で当選した七人のうち二人は、民進党と近い人物であった。党外時代を含めかつてない大幅な進出である。激戦と言われた二十五の選挙区のうち十四選挙区で、民進党候補は最高票を取って当選した。不規則な二頭体制の指導部にとっては、一年前の敗北を埋め合わせて余りある勝利と言えた。

もっとも、批判的な観察によれば、この選挙はかつてのように選挙民に上からの圧力がかかることが少なくなり、当選した議員の平均年齢は四十五歳と、「万年議員」が大勢居座っていた時代から飛躍的に若返った反面で、キャッシュが無遠慮に飛び交う醜悪な金権選挙の様相を呈した。一票の値段がいくらといった噂が乱れ飛び、一人の有権者が何人もの候補者から買収の金を受け取るようなことが当たり前に起きた。国民党だけでなく民進党の候補者も、その例外ではなかったという（前出『激盪！台灣反對運動總批判』）。

こうして有権者は、体制に対する批判勢力を誰に邪魔されることもなく自由に選択できる喜びを手にしたかわりに、現在もなお台湾流民主主義の最大の欠陥とされている「買票文化《マイピャオ》」（「買票」は買収を指す）の悪風を生み出すことになったのである。

早く来すぎたチャンス

民進党が空前の勝利に酔った一九九二年の立法院選挙の前後から、内外情勢はまた大きく動き出す。まず中国が天安門事件の打撃から立ち直り始めた。この年の初め南部の拠点都市を一巡した鄧小平が、

「南巡講話」で改革・開放の加速を促し、秋の共産党大会で「社会主義市場経済」が公認されると、全土で猛烈な開発ブームが起きた。中国で開発と言えば、外国資本の導入を意味する。それは即アメリカ、日本、香港、台湾などとの経済関係を強めるということである。天安門事件で中国との人事・軍事交流を抑えてきたアメリカも、事件の一年後あたりから関係修復に動き始め、米中再接近は時間の問題となった。

台湾当局にとって問題は、八〇年代半ばに始まった中国への民間投資が増え続け、九〇年代に入るとブームの様相を呈したことである。そこで九二年七月大陸向け投資を公認し、条例で管理することに方針を変更した。台湾企業に中国という目の前の大市場に目をつぶれと求め続けるのは、もはや無理な相談になりつつあった。李登輝が国是会議後の九〇年秋、大陸政策を策定する超党派の国家統一委員会と、行政府には大陸委員会を設け、中国との民間交流を進める海峡両岸交流基金会を置いたのは、中国からの統一への圧力に対する備えるためであった。

一方、国民党が選挙に敗れて党の秘書長・宋楚瑜《そうそゆ》（二〇〇〇年総統選の無所属候補者）が責任をとって辞め、立法委員の八割以上を本省人が占めると、郝柏村の辞任は必至となった。九三年一月の国民大会では、勢いに乗る民進党の代表が郝を攻撃するのを、国民党議員が面白そうに笑って見ているという、前代未聞の風景が出現した。耐えかねた郝は、「中華民国万歳」「台独を消滅させよ」と叫ぶと議場を去った。閉会後、李登輝と国民党の大物、それに野党の黄信介が、一緒に笑顔で記念写真を撮っていた（前出『戰後台灣史記・巻三』）。郝はその日のうちに辞表を出した。

中国が国際社会に再登場し、国民党の台湾化が完成したことは、民進党にとって「少し困った事態」

であった。自決路線を追求してきた民進党員は、中国という「外国」と将来どうつき合うかの図式を描くことには興味があっても、「一国二制度による台湾平和統一」を迫る中国との間で、台湾問題をいかにして平和的に解決してゆくかといった命題には、あまり関心がなかった。両岸関係を研究しようにも、中国情報は国民党が独占したままである。党の代表団が時には中国を訪れたが、九三年に陳水扁ら一行が訪中を計画した時のようにビザが発給されないこともあって、北京と特別なチャンネルを開くことは至難であった。

しかも党綱領で、帰属を問う住民投票の結果によって（そしてたぶん住民の答は独立に「イエス」であろうから）台湾は独立する、とうたった以上、中国と対話するにしても、その第一歩で対立してしまう可能性がある。その後こそ大規模なシンポジウムを何度も開き研究を重ねているが、当時にあっては現実的な中国政策の持ち合わせはほとんどなかった。

国民党の台湾化は、郝柏村の後任に連戦、党の秘書長に駐日代表だった許水徳と、ともに本省人が指名されたことで決定的となった。党内の外省人保守派は九三年一月党内分派をつくった後、八月に「新党」を結成して国民党と袂を分かつ。光復以来の外省人与党vs本省人在野勢力という対立の図式は、ここで崩れ去った。民進党がなおも台湾人民主勢力のチャンピオンを自称し続けるためには、「李登輝情結」と訣別するか、あるいは李から距離をとり、実行可能な次の民主化プランを独自に提示せねばならなくなったのである。

だが、結党からわずか六年余りで民進党が立法院選挙で躍進したといっても、それは台湾人ナショナリズムを象徴する党への心情的支持の結果という色合いが濃厚であり、民進党が示した政策パッケージが有権者から見て魅力的で現実的だったからではなかった。その後数年間の選挙で民進党が時には停滞や敗北の苦い味をなめた最大の原因は、まさにそこのところにあった。そうした意味で、野党として成功したことが、基本的には政策政党ではなかった民進党の弱点をあぶり出し、次なる挫折の原因をつくり出したと言える。

当時の言論界や学界にも、民進党が時の勢いであまりにも早く政権を意識するのを危険視する向きがあった。例えばコラムニストの孫慶餘《そんけいよ》は九三年九月、「民進党は『成熟』した野党とはほど遠い。国民党への失望と〔民進党への〕バランス勢力としての期待が民進党の急速な発展を促し、国民党が死活を争う内部闘争をしてくれたおかげで、『政権への道』へ急発進しただけである。その意味で、民進党は政権を握る準備がまだできていない」と書いている（『變質的民進黨』台湾・不二出版）。

それにしても、九二年選挙で得票率が全体の三分の一だった民進党に、思いがけず政権獲得の可能性が転がり込んだことは疑いのないことであった。四十年以上台湾の政治を牛耳ってきた国民党は、票と議席を民進党と新党に順次奪われて痩せ細り、九三年の地方首長選挙の当選者数では、国民党十四人に対し民進党六人とまだ大差があったものの、得票率では四七・三パーセント対四一・二パーセントにまで接近してきていた。

台北では空前の激戦といわれた九四年の市長選は、民進党執政の夢をさらに一歩現実に近づける結果となった。台北市長と言えば、台湾省長と並んで総統に次ぐ第二の重要な首長である。民進党がこのポストを取って市政で実績を上げれば、理論ばかりで政策に弱いという党のマイナス・イメージを払拭でき、政権への足がかりになる。民進党は、立法委員時代に国民党行政に具体的で鋭い批判を浴びせて名を上げた四十三歳の陳水扁を立て、「楽しい市民、希望の都市」という、珍しくソフトなキャッチフレーズを掲げて戦った。

この選挙にはもう一人主役がいた。前年に旗揚げしたばかりの新党の候補で、さわやかな弁舌でメディア受けもよかった若手の趙少康《ちょうしょうこう》（一九五〇～）である。彼は国民党の金権体質と民進党の「暴力的な独立指向」を口をきわめて批判し、ボランティアを動員し民進党顔負けの街頭活動を展開して、外省人ら市民に「中国民族主義」を訴えた。

結果は、国民党の現職市長・黄大洲《こうだいしゅう》（一九三六～）が不人気のために二五・九パーセントしか取れず惨敗、趙少康は三〇・二パーセントで次点、若さと新鮮味でブームを起こした陳水扁が四三・七パーセントと、意外な大差で当選した。この選挙は三党が初めて四つに組んだ戦いだったほかに、本省人と外省人の対抗意識、いわゆる「族群の対立感情」が露骨に表れた選挙だったことが大きな特徴である（王甫昌「台灣族群政治的形成及其表現――一九九四年台北市長選舉結果之分析」。殷海光基金会編『民主・轉型・台灣現象』所載。台湾・桂冠図書）。

つまり、外省人二世の趙の李登輝攻撃などによる人気があまりにすさまじく、放っておくと趙が当選してしまうことを恐れた本省人が、国民党支持層まで大挙して陳水扁に投票したと考えられた。ということは、国民党が台湾化しつつ弱体化すれば、民進党が国民党の伝統的支持層に食い込む余地が生じた、ということである。台北市で過去最高の票を集め、国民党の得票を初めて上回ったことと併せ、民進党にとっては二重の収穫であった。

合従連衡か、単独政権か

李登輝は一九九四年六月に作家の司馬遼太郎と会った時、「国民党政権にしても外来政権だよ」と断じ、有史以来外来政権のもとで死ぬまで暮らすしかなかった「台湾人に生まれた悲哀」を率直に語っている（『台湾紀行〈街道をゆく四十〉』朝日新聞社）。だが党外人士＝民進党員がなめた悲哀が李登輝以上であったことは間違いなく、許信良に言わせると「民進党は台湾の悲情の歴史の落とし子」であり、「昂然と頭を上げて悲情を乗り越え」ることが求められた（九六年の第七回党大会での演説）。

その具体的な方策としての政権奪取構想が描かれ始めたのは、意外に早い。張俊宏は地方選挙があった八九年には「地方から中央を包囲する」策略を説いているし、「稀代の楽天居士」と評される許信良は、九〇年の国是会議に先だち、民進党は名実ともすでに「準執政党」であり、「三年間で政権を取るために全身全霊を傾け、それを自分の使命とする」決意を語っている（前出『許信良的政治世界』）。

もっとも、そうした初期の政権奪取発言は、構想というよりはアジテーションを兼ねた決意表明に近く、実現性とある程度の行動を伴った戦術・戦略が提起されたのは、九四年の台北市長選以後、とりわけ党の浮沈が激しかった九六、七年ころであった。鋭い洞察に富んだ著作で知られる民進党員の郭正亮《かくせいりょう》は、このころの政権奪取の策略には三種類の異なるアプローチがあり、いずれも三政党が議会で過半数を得ていない状況を反映した合従連衡策であったとして、次のようにまとめている。

一、許信良を代表格とする国民党との合作。意図は中道勢力の結集、安定多数、中国との対抗にある。九六年十二月の国家発展会議、翌年の憲法改正への協力などがその例。
二、施明徳らによる新党との合作。狙いは族群間の和解、政権交代、内政の徹底的刷新。九五、六年のいわゆる「大和解」、二月の立法院長改選時の協力など。
三、陳水扁をはじめとする独立自主路線。他党との合作は時期尚早であり、かえって単独の政権奪取を難しくする、と主張する。総統選に勝つか、立法院で党単独の絶対多数または相対多数を取ることを目標にする。

（前出『民進黨轉型之痛』）

急進的で台湾独立の基本路線に忠実を期そうとする新潮流系は、他党との合従連衡には概して消極的であったから、種々の政権構想は、もっぱら美麗島系か、二大派閥以外の派に属する指導的党員から提起されている。

選挙での民進党の成績は、九五年以後は世紀末まで概ね一進一退の繰り返しであり、内部の矛盾や対立、国際環境の変化を反映して、次第に大きな起伏を描くようになる傾向が見られる。九五年の立法院選挙では「李登輝情結」と訣別できなかっただけでなく、新党の躍進を食い止める方に力点が置かれた分だけ、国民党との対決色はむしろ薄まり、得票率、議席とも微増にとどまった。

それでもなお、時は自党に有利だと思いこんでいた民進党員を震撼させたのは、九六年三月の総統選挙での惨敗であった。二十二年の海外流転を経て九二年に苦難のヒーローとして帰国した彭明敏《ほうめいびん》を立てた初めての総統民選で、民進党は二一・一パーセントという結党以来の最低票しか取れず、李登輝の五四・〇パーセントに大差で敗れたのである。この結果は、当時の特異な状況下では一概に「負け」とするのは酷かもしれない。相手が前年に念願の訪米を果たした絶頂期の李登輝だった上に、中国が「隠れ台独」と見る李登輝に台湾近海でのミサイル演習で脅しをかけ、台湾人をかえって李支持で結束させたからである。

だがこの敗北は、根拠なき楽観主義に流れがちだった民進党員に、主観的願望と客観的実力の間に存在する厳然たる落差を明瞭に認識させ、現実を見据えた戦略の練り直しと反省の機会を与えた。李登輝版の民主化・台湾化に古典的独立論者の彭明敏をぶつけたこの選挙は、ある意味では民進党流独立論の総決算であった。その「決戦」に敗れたことは、指導部にとっては予想外の衝撃であっても、三十歳代以下の新世代にとっては狭隘な独立論、中国政策の貧困、台湾人ショービニズムといった、この党の致命的欠陥に起因する必然にしか見えなかった（前出『民進黨轉型之痛』）。

現実の動きとしては、前年半ばから党主席・施明徳のグループが「大連合政府」を目標に据えて新党との間で合作工作を進め、一時は部分的コンセンサスが成立して「大和解」は総統選のスローガンにさえなる気配であった。ところがその過程で党内から反対論が噴出し、「大和解」の方針は四、五か月で行き詰まってしまう。この間党内は、戦闘的な独立論から大胆な連合論まで、水面下に隠れていた種々の主張が衝突し合い、大混乱を呈した。

こうした混乱と敗北の打撃の中から、指向の全く異なる二つの結果が導き出される。その一つは、「民進党の堕落」を糾弾するグループが脱党し、九六年十月「民進党結党の理念に合致する正統独立論」を掲げて、建国党を結成したことである。民進党の分裂で発足した党には、数か月前には総統選候補だった彭明敏自らが加わった。彭はこの時、「民進党を代表して総統選を戦ったことを恥辱に思う」と言い放った。

いま一つは、この年の末に李登輝が召集した「国家発展会議」に、党主席に復帰した許信良らが出席し、国民党と民進党との実質的な協力が成立したことである。会議では、台湾省を「凍結」（事実上廃止）すること、総統・立法院・行政院長の関係を手直しすること、中国と台湾の関係を「台湾海峡両岸（すなわち中国と台湾）に二つの政治実体が存在する」状態と規定すること、などでコンセンサスに達した。これに基づいて翌年七月に憲法が改正され、李登輝の民主化は第二段階に入ることになった。だが、民選省長の座にありポストを奪われることになった外省人の宋楚瑜は、これ以後李登輝との対立を深めてゆくようになる。

許信良らのこの行動は、党内で少なからぬ反発を呼んだ。与党と野党第一党との協力は台湾の正常な政党政治の発展をゆがめる、という主張にはそれなりの説得力があり、支持も多かった。だが、一敗地にまみれた民進党はどうすれば立ち直れるのか、いかなる路線のもとで再度政権を目指すか、それが現実の問題であった。党の既定路線が現実と乖離しつつあるのなら、当然修正が求められる。こうしてこのころから、基本路線と体質の転換を意味する「転型《チュアンシン》」が語られ始める。

「転型」は憲法体制、中国政策、金権問題への対応、経済システム、福祉政策など、きわめて広範囲にわたり、国民党をはじめとする他党との関係の再構築も含まれる。民進党は一九九六年を一つの分水嶺にして、新たな転生に向かうことになった。この年六月に二度目の主席に選出された許信良は、就任演説で次のように述べている。

総統の民選以後、われわれが国内で相手とすることになったのは、いまや「不法な外来政権」ではなく、民意の支持を得た合法的な総統であり、執政党である。われわれは政治態度を調整せねばならない。台湾人民の理解と支持を得るために、執政党と競争せねばならない。そこにこそ民進党が発展し強大になってゆくことを保証する道がある。……勇気をもって前進し、他党との協力を積極的に追求し、政治と憲政の改革を促そうではないか。

第5章

執政を目指して

地方から中央へ

一九九九年五月七日、民進党離党の記者会見に臨む許信良。（提供＝聯合報）

一九八〇年代の末ころまでは、「党外」と民進党はほとんど常に時代精神を先取りする存在であり得たのに、九〇年代に入って李登輝の民主化・台湾化が本格的に動き始めると、内外情勢の激しい変動に追いついてゆくのがやっと、という状態に落ち込んでしまったように見える。党に何らかの明らかな先見性が見られたのは、せいぜい九一年の「住民投票による台湾共和国樹立」をうたった綱領までであり、それ以後は、台湾の将来にかかわるような事態が発生すると、党内のコンセンサスをまとめるのにいつも苦労し、受け身にしか対応できないことが多かった。

九三年四月、シンガポールで台湾と中国の「民間交流団体」が歴史的な初対話を交わした時、民進党は施明徳が率いる「観察団」を現地に送り込んだ。国共両党が密室の談合で台湾住民の意思に反した「統一」を進めてしまわないか監視する、というのがその趣旨であった。中国問題をブラックボックスの中で処理することに反対し、対話プロセスは逐一立法院に報告してガラス張りで進めることを要求してきた党の立場からすれば当然の行動ではあっても、次回の対話を台北で行うことにさえ反対する極端な態度は、外部の目には奇矯としか映らなかった。対話に先立って現地を踏んだ許信良ら民進党代表団は、ホストのリー・クアンユー首相に「ぜひ中国大陸にも行ってみることを勧める」と「忠告」されたほどである（前出『民進黨大陸政策剖析』）。

これは一つの例であり、民意を先取りして改革を先導するという役回りは、八〇年代までは「党外」と民進党、九〇年代は李登輝の国民党主流であった。国是会議に始まり、一連の民主化措置の断行、憲法の抜本改正、国会の全面改選、系統的な中国対策の策定を目指す機構づくり、中国との対話、暗黙の国際的認知を狙った対外工作、国家発展会議と、矢継ぎ早に繰り出される李登輝の大胆な施策と実行力に、民進党は振り回され続けた。

だが、対応に戸惑ったとはいえ、これらの施策が民進党にすべて不利に働いたというわけではない。むしろこれらの中には民進党がかねてから唱えてきた主張も含まれており、野党が独自の政策展開を図るための活動空間は、以前よりも疑いなく広がったのである。初めての総統民選に敗れた民進党にとっては、新しい現実を踏まえて体制を立て直し、執政に向けて巻き返すチャンスと「転型」に挑戦する機会がやがて到来する。

1　高じる外圧、発酵する内圧

中国の攻勢と新独立論

民進党が一九九一年に「台湾独立綱領」を採択してから九六年の総統選に敗れるまで、起伏に富んだ発展を経る間、国民党が根本的な変貌を遂げたことのほかに、いま一つ特筆すべき環境の変化が起きた。台湾と中国の関係がまず融和へ、次には新たな対立へと、目まぐるしく変転したことがそれである。

改革・開放路線が定着した後の中国は、九五年一月の江沢民八項目提案（いわゆる「江八点」）までの数年間、台湾に対し一貫して積極的な態度を強めていった。シンガポールでの対話の実現は、その一環である。表向きは民間機関だが実質は準公式機関である海峡両岸交流基金会（台湾側）と海峡両岸関係協会（中国側）は、九三年四月の対話でごく手続き的な件に関する三つの合意文書に調印した以外に、台湾海峡での違法行為の取り締まりや漁業紛争の処理といった四つの事務的事項について協議を続けること、経済交流を強化することなど四項目の合意に達した。政治色の全くない合意とはいえ、ともかくも中台間に対話のチャンネルがつながったのである。

「江八点」は中国側の和解的姿勢が前面に出たという意味で、画期的な提案であった。「一つの中国の原則に立った平和統一」を初めとする従来の主張を繰り返すにとどまらず、中台の指導者による相互訪問の願望を表明した上、「両岸の敵対状態を終わらせる」「中国人同士は戦わない」といった微笑調の表現があちこちにちりばめられ、「何事にも慎重で、冒険をしない江沢民にしては相当思い切った提案」（前出『中台関係史』）であった。

この提案の中で民進党にとって重要なのは、第七項で「台湾各党派、各界人士がわれわれと両岸関係・平和統一について意見を交換することを歓迎し、参観や訪問も歓迎する」とうたわれたことである。従来は中国が中台関係と言えば共産党と国民党の関係にほかならず、台湾統一とは国共合作のことであったのに、新たに野党や民間団体も意見交換や交流の対象に想定されることになった。前年の台北市長選までの間に、民進党が台湾でもはや無視できない政治勢力に成長した事実を織り込んでのことに違いなかった。

ところがそれからわずか半年後、事態は急変する。李登輝がアメリカの母校コーネル大学を私的に訪れるためのビザが発給になり、メディアが毎日大扱いする中で訪米が実現したからである。米大統領府が李登輝の訪米許可を発表した後、中国はしばらく割合おとなしくしていたが、出発の前日から突如激しい攻撃を浴びせ始めた。中台準公式対話を一方的に中断したばかりでなく、翌七月から八月にかけ、台湾近海でミサイル、最新鋭戦闘機、海軍艦艇を動員した軍事演習を強行し、一方で中国のメディアが一斉に李登輝を「分裂主義者」「民族のならず者」と決めつける激しい非難キャンペーンを展開したのである。

こうした威嚇と罵倒は翌年の総統選前にも繰り返された。李登輝は民主化の推進者であるよりも、「民族の大罪人」として扱われたのである。「江八点」と武力の威嚇とは、表現こそ正反対ではあっても、ともに李登輝の民主化・台湾化に相対して示された中国のリスポンスと見ることができる。

この時期の民進党は、主席を二度つとめた許信良をはじめとして、美麗島系は国民党の中国政策に相乗りしようとする意向が強かったのに対して、新潮流系が多数を制する中央委員会は、「独立綱領」に忠実であろうとする趣旨から統一戦略の策定には消極的であり、党綱領の精神と執行部の意思にトップが反逆するという、ひどく不正常な状態にあった。

李登輝が主導した国家統一委員会に対する態度にしても同様であり、黄信介《こうしんかい》や許信良が強い関心を見せて参画したのに、「独立」でなく「統一」を最終目標とする機構に加わるのは党是に反するという党内からの突き上げで、党員としての参画は禁じられた。綱領のロジックに操を立てるあまり、台湾にとって長期的に最重要であるはずの中国政策に一枚加わる道を、自らの手で閉ざしたのである。民間ベースの交流を建前にして始まった国民党主導の中国との対話に対しても民進党が否定的だったことは、章の冒頭に記した通りである。

だが台湾に対する中国からの働きかけの手数が増えるに従って、民進党もドグマから多少踏み出してでも対応せざるを得なくなった。九五年九月に党主席だった施明徳が示した「台湾はすでに独立しているのであるから、民進党が政権を掌握しても、必ずしも台湾の独立を宣言する必要はない」という、いわゆる「革新保台」論は、その典型的な例である。

この新解釈には若干の解説が必要であろう。これは一種の現状維持論である。従来からの党外・民進党の独立論には、台湾の領土的帰属は国際法上なお確定していない、という前提があった。旧宗主国の日本は領有を放棄しただけで、中華人民共和国に返還したわけではないから、最終的な帰属先は住民の自由意思によって別途確定すればよい、というのであった。これに対し、あるがままの状態ですでに独立が完結しているとする「革新保台」論では、帰属先にあらためて言及する必要はない。ことさらに「独立」を唱えないのだから、中国を無用に刺激しないで済むのである。

一見詭弁のようだが、実際のところむしろこれが現在でも独立論、現状維持論の主流なのである。もともと施明徳が一九七〇年代末の美麗島裁判当時にすでに唱えて始めていた主張であり（前出『重審美麗島』）、九六年の総統選で彭明敏《ほうめいびん》が政見の柱に採用したことで、定説のようになって定着するに至っている。

施明徳は、九五年後半に新党との合作工作「大和解」の途上で、「中国の脅威に共同して反対する」コンセンサスにいったんは到達している。中国の台湾近海でのミサイル演習が一時的に休止した時期のことである。「大和解」の理論的根拠を提供した民進党員の政治学者游盈隆《ゆうえいりゅう》は、「大連合政府を樹立し大和解時代に邁進しよう」と題する論文の中で、「実際のところ、台湾人民は、反統一・反併呑の強固なコンセンサスをすでに形成している。九〇パーセント以上の人民は中華人民共和国の一部に組込まれることを望んでいない」とし（民進黨中央黨部編『協商式民主――臺灣政治發展的新方向』所載）、「革新保台」論が「大和解」の基礎になったことを示唆している。現状維持論は、民進党と新党のように政治的立場が大きく異なる党を結びつけるには、有用のようであった。

民進党と国民党は、九六年末の国家発展会議で「台湾優先・安全第一」の共同方針のもとで、統一か独立かの対立点を棚上げして台湾の主権を守るコンセンサスをまとめている。

地方を制覇する

総統選の大敗から立ち直るべく、民進党は九七年十一月の地方首長選にはなみなみならぬ決意と動員体制で臨んだ。本来ならその先頭に立つのは主席の許信良のはずだったが、脱党して建国党を結成したばかりの彭明敏が「許信良はアメリカ亡命中に中国の高官と接触していた」と、中国の金をひそかに受け取っていたかのような発言をしたため、候補者の方から彼の応援を断ってくるようなことがしばしば起きた(前出『許信良的政治世界』)。

許は、前年末からこの年にかけて、国家発展会議と憲法改正で国民党との提携を進めた立て役者である。国民党との合作は許の持論であり、憲法改正が無事終わった後、「もはや国民党との連立政府の成立は避け難くなった」と発言していた。党にとって乾坤一擲のこの選挙で彼の出番があまりなかったことは、彭明敏発言のためばかりではなく、党の大勢が彼の連立推進論に消極的だったからでもあった(呉釗燮「台灣民主化的回顧與前瞻」。台湾『国立中山大学社会科学季刊』一九九八年春季号所載)。

許信良に代わってキャンペーンを引っ張ったのは、三年前に台北市長に当選し、新鮮で大胆な施策を次々に実行に移して一躍人気者になった陳水扁である。

彼の応援のやり方は猛烈であった。午後五時半に市役所の執務が終わると空港に直行し、どんな遠いところにも飛んでいって夜遅くまで応援演説のはしごをし、翌朝最初の便で台北にとんぼ返りするといった強行スケジュールを、一か月近くこなし続けたのである。アイデアも新奇で、応援チームに「宝島〔台湾の美称〕助選団」なる名前をつけ、「希望を引き継ぎ素晴らしき宝島を築こう」というソフトな統一スローガンを考案してビラに刷り、大量にばらまいた。こうした経費はすべて自前だったから、応援された候補者の方が「阿扁《アビエン》〔陳水扁の愛称〕はなぜこんなに熱心なのか」といぶかしがるほどであったという（林淑玲『陳水扁武攻心法』台湾・時報文化出版）。

阿扁ブームは全土を席巻した。そうしたムードに乗って、民進党は二十三の市長・県長のうち十二を取り、国民党の八を大きく引き離す大勝を収めた。得票率は四三・〇パーセントと、一パーセント弱の微差ながら選挙で初めて国民党を上回り、台北市を含めると民進党が与党となった県市の人口は全島の七一・六パーセントを占めた。

民進党が面目を施したのは、実際には必ずしも陳水扁一人の尽力のためではなく、許信良のやや性急な連合政権論や『転型』は成功しつつある」といった調子の超楽観論よりも、陳水扁らの自主政権論や、「独立論議は選挙では当面棚上げすべきである」という彼の現実的な行き方の方が地方では受け入れられやすく、それが勝利のより重要な原因になったと考えられる。台湾独立論は、中国の圧迫を意識せざるを得ない中央レベルの選挙になるとマイナスに働きやすいのに対して、地方選挙ではさほど拒否反応が起きないのである（董智森『台北經驗・陳水扁』台湾・月旦出版社）。

もともと民進党には党外時代以来の地方執政のかなり長い経験があり、行政実績に対する住民の評価も概して好意的である。高雄県のスーパー・ボスで党外の大物だった余登発が高雄県長になったのは一九六〇年だったし、東北部の宜蘭《ぎらん》県では一九八一年以来党外と民進党が県政を握り続けている。南部一帯と宜蘭は本土意識が強い土地柄であり、長く外省人が主流を占めた国民党には批判的な土壌があった。人選とスローガンを誤りさえしなければ、これらの地方では民進党執政の可能性は高かったのである。緻密で統一された政策がなかなか編み出せず、派閥連合の弱点を抱える民進党にとっては、地方執政の実績は得難い資産であった。

不思議と言うべきか当然と言うべきか、民進党の地方首長には時代が変わっても優れた人材が次々に現れた。例えば宜蘭で八一年から二期県長をつとめた陳定南《ちんていなん》（一九四三～　）は、三十七歳で県長になると、当時地方では必要悪扱いだった利権行政を徹底的に退け、「環境保護・観光立県」をスローガンに、他県なら喜んで誘致しそうな大工場の進出を、「公害を持ち込む恐れあり」という理由で拒んだことがある。「陳青天」（清廉な陳）は緑色（民進党）執政のモデルになり、後の彰化県長・周清玉は彼を手本にした（前出『民進黨轉型之痛』）。

陳定南の後に県長に当選した游錫堃《ゆうしゃくくん》は、環境保護に加えて「文化立県」を唱えたことで知られる。伝統人形劇「歌仔戯《グアヒ》」を保護・発展させるために全土で初めての公立劇団をつくり、県史館を建て、「国際玩具芸術祭」を発案するという具合に、どう見ても票にはなりにくい文化事業に熱中した（陳賡堯『文化・宜蘭・游錫堃』台湾・遠流出版）。地元で聞くと、二人とも県民にいまだに深く尊敬されているようであり、国民党支持者だという元公務員が、「二人とも決断力のある有能な県長だった」と褒めていた。陳は九四年の省長選で民進党候補として、游は九九年から民進党秘書長として、「全国区」の著名人になっている。

三代目の民進党県長になった劉守成《りゅうしゅせい》にインタビューして聞いたところでは、次のキャッチフレーズは「科学技術・大学立県」である。これなら二人の前任者のスローガン「環境」「文化」などにマッチし、農業県である宜蘭の励みにもなるところに目をつけたのだそうである。台湾一のコンピューター・メーカーである宏碁グループと、ソフトウェア事業で協力関係を結んだということであった。ただ財政面ではかなり苦労しているようであり、乱開発の防止を兼ねて砂利採取事業を県営にして収入を図ることにしているという。数年後に高速道路が開通するまでの我慢、と見受けられた。

二〇〇〇年総統選の結果次第で有力な閣僚候補だと言われ、台南県長を二期つとめた陳唐山《ちんとうざん》（一九三五〜）にもインタビューしてみたが、もし国民党員であったらとっくに相当出世していただろうと思わせる風貌である。だが彼はアメリカ留学時代は筋金入りの独立論者だった。のんびりおっとりの地元民には、外国帰りの積極的な県長はかえって新鮮に映ったようだが、お高いと思われないように、事前の約束なしでいつでも自宅でも県民と会うような気を使ったということである。新市という県中部の村に中央政府が大規模なサイエンス・パークを配置した幸運にも恵まれ、すぐれた実績を上げて、一時は民進党を出て宋楚瑜の副総統候補になるのではないかと噂された。

九七年選挙の結果一覧を民進党のホームページで読むと、資質と土地柄が幸いしたこの二人などは楽勝に近かったが、数千票の僅差ですべり込んだ県市長がかなりいる。台中県や台南市のように、国民党が二人も公認候補を立てて好んで負けたようなところもある。二〇〇一年の次回選挙では、民進党の苦戦は必至であろう。地方の元立法委員は「少なくとも三県市では負ける」と予測していた。

「阿扁」の選択

政治家が出処進退を決断するタイミングは難しいもののようで、九七年の地方選挙制覇を演出した陳水扁も、その後の身の振り方については迷いに迷った。時の勢いで民進党のスターのようになってしまった彼は、台北市長の座を一期だけで退き、まず九八年の党主席選挙に立候補する気に一時なった。民進党主席といえば、それまでは例外なく、党外時代から苦難を重ねた民主化運動の長老がつとめてきたポストである。

二〇〇〇年総統選の投票日間近になってから出版された陳水扁の夫人・呉淑珍《ごしゅくちん》（一九五二〜）の伝記によると、彼が政治家としての自らの将来図を描き変えたきっかけは、地方選直後の十二月に韓国の大統領選で金大中が当選したことであったという。長く野党勢力の中心人物であった金が、時には生死をも賭けた辛苦の末に宿願の政権をとうとう手にしたという事実は、陳水扁の心中に鬱勃とした野心を燃え上がらせた。九七年末から翌年初めころ、口には出さなかったが、夫が「二〇〇〇年の総統選に身を投じる可能性を考え始めた」ことを、夫人は「言わず語らずのうちに了解した」（鍾年晃『走出金枝玉葉――阿扁嫂的故事』台湾・TVBS周刊）。

地方選の二か月前、民進党大会が翌年から主席を中央委員会でなく党員の直接投票で選ぶことを決めた後、美麗島系の大物・張俊宏をはじめ長老級の人物何人かが、出馬の意思をすでに見せ始めていた。陳水扁は当時四十六歳となお若年ながら、党内での発言力といい台北市長としての実績といい、すでに主席を目指してもさほど不自然でない実力者であった。

彼の計算は、台北市長から主席に転進した後、二年間ほど党務に習熟しながら人間関係を築き、総統選を目指す準備をしようというものであった。このころには台北市民の間で「阿扁総統」の呼び声がそろそろ出始めてもいた。夫人は夫がそうしたコースを進み、金大中のように野党のリーダーから「アジアの小龍」の最高指導者になることに、反対ではなかった。むしろ機会あるごとに「もう一つ上を目指すなら準備を始めた方がよい」と勧めたほどだという（前出『走出金枝玉葉』）。

だが陳水扁は、いったんは主席選出馬の意向を口にまでしたのに、九八年二月になってそれを撤回し、市長再選を目指す方針に変更した。その時の声明では、「全党がいまこぞって最も必要としているのは『謙譲と団結』であり」、このさい主席には出馬せず、「台湾人民が期待する役割を全力で演じることとした」。声明には彼の真情が多少とも込められていたに違いない。だが方針を変えた本当の理由は、主席選挙に出て長老級の人物と争えば党内にかえって敵をつくり、いずれ総統の地位を狙う時に障害になると考えたからではなかったかという（前出『台北験・陳水扁』）。

首都の首長とはいえやはり一介の市長でしかなかった陳水扁が、遠からず一気に総統を目指す野望を抱く基礎になったのは、彼の市政が一般の予想をはるかに超えるような質の高さと新鮮さを兼ね備え、それが市民に圧倒的な熱狂をもって迎えられて、大いに自信をつけたからである。民進党は確かに地方で執政の経験を積み重ねてきたが、そのほとんどが宜蘭のような純農業県か、高雄県のように大都市を取り巻く県などに限られた。それぞれに特色はあってもどこでも真似できるモデルにはなりにくく、ことに大都市のより複雑で高度な行政運営はほとんど未経験であった。陳水扁の市政は、そうした民進党執政のカベを一挙に突き破ったところに価値があった。

彼が九四年の市長選挙当時に掲げたのは、「楽しい市民、希望の都市」という口当たりの良いスローガンだけではなく、「緑色執政、品質保証」という、行政の具体的な内容にまで踏み込んで、新しいスタイルの採用を約束した公約も含まれていた。

彼が市長になってまず変わったのは、市役所やその出先の窓口に出向く市民に、お茶が出るようになったことである。無愛想だった係員の応対の態度が急に良くなり、戸籍関係をはじめとする事務処理がてきぱきと進むようになった。間遠だったゴミ収集車の巡回回数が目立って増え、主な通りのほとんどにバス専用レーンができたおかげで、台北名物だった交通渋滞がはっきり緩和された。

廉潔、効率、市民主義。陳水扁の市政改革は、そんな合い言葉のもとに進められた。絵に描いたようなそれまでのお役所仕事が目に見えて改善されたことを、一般市民は素直に喜んだが、一切のしがらみを顧みない勇敢すぎる猪突猛進行政を心配する向きも少なくなかった。住宅が多い地域からピンクがかった店を締め出し、青少年のたまり場になっていたゲームセンターを営業停止にするといった健全一点張りの強硬手段には、街に根を張ったチンピラ組織や「黒道《ヘイダオ》」と呼ばれる暴力団の抵抗があり、歓楽街やタクシー業界などから「これでは商売上がったりだ」と文句が出た。それでも彼が方針を変えずに済んだのは、なまじ有力な資金源らしきものを持たない民進党の市長であったために、既成の利害関係にとらわれる必要がなかったからでもある。

「できることをちゃんとやる主義」と名付けた市政には、若干の横やりやスキャンダルもどきの嫌がらせもあるにはあった。しかし人事は一応公平であったし、陳水扁自身が「弁当市長」と呼ばれるほどに文字通り寝食を忘れて働いたせいもあり、「やっぱり民進党はひと味違う」という、党そのものへの評価になってはね返っていった。それは民進党にとって新しい資産であり、陳水扁にとっては数年後後の飛躍への跳躍台になったのである。

エースも党も負けた

台北、高雄という二つの直轄市の市長と市会議員、立法院の議員を一度に選んだ九八年十二月の「トリプル選挙」は、台湾の政治史上で最もにぎやかな選挙ではなかったかと思われる。筆者は選挙戦が終盤に入った十月末、民間研究機関の客員研究員という身分で一年ほど台北に住むために、台湾に着いた。候補者の名前を染め込んだのぼりがすでに街中に林立しており、食堂に入ると、客同士が大声で候補者の名前を挙げて政治談義に夢中になっている風景に出会った。どんなに大がかりな選挙でも、有権者が白けていてあまり盛り上がらない日本の様子とは段違いに活気があるので、うらやましくさえ感じたものである。

選挙は候補者の政見や政治家としての理念・人格を争うものだという観念は、台湾でも一応肯定されるが現実にはあまり通用しない。この選挙も二〇〇〇年総統選挙もそうであった。有権者の関心は候補者がどんな主張やビジョンを持つかよりも、聞く者の心をつかむような演説をするか、競争相手をいかに効果的に批判し、自分への批判をどうかわすか、スキャンダルがもち上がったらどう切り抜けるか、気の利いたキャッチフレーズや選挙グッズを考案するか、といったことの方に向きがちである。良く言えば大衆性重視、悪く言えば人気偏重である。当然メディアの果たす役割が大きくなり、テレビ選挙に流れやすい。

政治学者たちはこうした政治指向をポピュリズム的現象と呼んで一応批判するが、その実面白がっているようでもある。ポピュリズムという政治学用語は、ナチズムのように大衆の悪しき心理現象を指すのが普通であるが、台湾では「民粋主義」と訳され、嘆かわしくはあるがある程度やむを得ないことと扱われているフシがある。専門家の解説によれば、台湾は長く権威主義の政治文化に支配され、市民文化が未発達であったために、民衆が公共事務に理性的態度をとる習慣が育たなかった。その結果、政治エリートが権力を競い合うのが民主主義だと解されやすく、政治家が民主主義と称して、実は大衆の感情を権力掌握の道具に利用することが多いのだという(前出『台灣政治文化的剖析』)。

九八年のトリプル選挙は、ことに台北市長選の場合、「民粋主義」の極致のような趣を呈した。再選を目指す陳水扁は、すでに名うての大衆路線の推進者である。国民党の候補者は、ハーバード大学博士の元法務部長(法相)で将来の党を背負って立つ男、何よりも映画俳優ばりの容貌で女性には人気抜群の外省人・馬英九《ばえいきゅう》(一九五〇〜)であった。どちらの選挙集会にもアイドルが壇上に現れ、歌と踊りに始まって相手候補のえげつない悪口を並べる演説が何時間も延々と続く。集会と言うよりもショウであり、集まった群衆は最後に候補者が現れてスピーチをするまで、そのショウを楽しむのである。

陳水扁陣営は四年前の選挙にもまして趣向を凝らした。「夢美しければ希望わく」というスローガンは、ソフトすぎてパンチに欠けるうらみはあったが、陳水扁の「扁」(平たいという意味の形容詞)に引っかけて、畳めば平たくなる「扁帽」という毛糸帽をはじめとして、Tシャツから文房具まで多種多様な阿扁グッズを製造し、大量にばらまいた。陳水扁自身がテレビ討論会でいみじくも言った通り、「選挙は一場のカーニバル」であった。

陳水扁は市政の実績をひっさげて、最終的には再選かと言われた。だが、実際には馬英九のソフト・ムードにお株を奪われた形で序盤からリードを許し続け、終盤で何とか接戦に持ち込むのが精一杯であった。前回選挙より七万以上も得票を増やしたにもかかわらず、七万八千票余の差で敗れ去ったのである。

熱心な阿扁支持者で、「阿扁が負けるようなことがあったら田舎に引っ込む」とまで言っていたある著名な実業家は、筆者に「普通なら勝てた。『中国人』にしてやられた」と言った。「中国人」とは外省人のことである。外省人を支持層とする「新党」の外省人候補は、四年前には四十二万票以上取ったのに、今度はその十分の一ほどの四万四千票しか取らなかった。その差がそっくり国民党候補に流れたために、陳水扁は負けたというのである。

その後の分析のどれを見ても、それが事実であることを示していた。後々まで語りぐさになったのは、選挙戦終盤に李登輝が馬英九の集会で演じて見せた掛け合いである。「君は何人か」と李登輝が問う。馬英九が「主席に報告します。私は台湾の米を食べ、台湾の水を飲んで育った台湾人です」と答える。すかさず李登輝が、「よろしい。五百年前に台湾に来た者はもちろん、五十年前に来た者も『新台湾人』だ」とオチをつける。その光景を現場やテレビ画面で見ていた外省人が、なだれを打って新党の候補から同じ外省人の馬英九に乗り換えた、ということになっている。

だが、李登輝の演出は実は最後のだめ押しであった。陳水扁陣営の幹部に確かめたところでは、その前の綿密な票読みでもすでに逆転不能の差がついており、陳水扁が勝てないことはわかっていたという。李登輝は地方を精力的に回り、立法院選挙の自党候補の応援をしたが、馬英九の応援には終盤の二回の集会に出るまで、明らかに熱がなかった。馬が党内外省人系の未来のエースと目され、実質的な政敵で二〇〇〇年総統選で国民党に反旗を翻した宋楚瑜との関係も良好であったのが、冷淡な態度をとった理由だとされる。にもかかわらず、最後になって馬のためにだめ押ししたのは、要するに勝ち馬に乗っただけのことであった。

民進党はエースを落選させただけでなく、立法院選でも負けた。得票率で二九・六パーセントしか取れず、二〇パーセント台に逆戻りしたことで、全面改選後の立法院で国民党に初めての過半数を許したのである。国民党は候補者を絞り込み、民進党候補が当落線上にあると見た選挙区では、他党の候補者に金と票を流して後押しする細工までして、敗北防止の手を尽くした。ところが民進党は政策論争で国民党を追い上げることができず、前年に当選した大勢の地方首長は苦戦の陳水扁にテコ入れする方に力をそがれて、せっかく築いた地方での優勢が生かせなかった。

民進党の敗因を種々に論じたメディアの中で、日ごろから比較的リベラルな論調で知られる『中國時報』は、辛口で先見性のある次のようなコメント（要約）を載せた。

民進党は、きわめて大きな衝撃の中で総統選へ動き出すことになった。全省的な人気と強烈な企図心を持つ陳水扁は党内で徐々に影響を広げ、派閥均衡の原則が崩れる気配であった。彼の落選で党が派閥均衡に回帰することは必至である。だが、陳水扁の人気は党内の有力者の中でなお抜群である。〔落選で〕同情と支持が集まるであろうから、彼を台北市の狭い枠に閉じ込めず、総統への道に向かわせるかもしれない。国民党の内部対立が終息しなければ、強固な意志を持つ陳

水扁が総統選で再起する機会はかなりあるのではないか。（98年12月6日付）

2 「転型」待ったなし

連立論者・許信良去る

民進党員の政治学者・郭正亮は、民進党の基本路線と体質の転換を意味する「転型《チュアンシン》」は一九九四年の台北市長選の勝利を契機に始まったのだが、挫折を経験するたびに党員と指導部がきまりきったように狼狽するのは、「転型」に対する心の準備がないからだと指摘している（前出『民進黨轉型之痛』）。九四年の勝利の後に九六年総統選の惨敗、九七年の地方選制覇の後に九八年「トリプル選挙」の敗北と、一、二年ごとに躍進と挫折を交互に繰り返したのが現実であってみれば、一体党のどこがどう問題なのか、内部でじっくり検討している余裕などは持てなかった、というあたりが偽らざるところではなかっただろうか。裏返せば、組織としての適応性と柔軟性の欠如、コンセンサスを容易にまとめられない分裂的体質といった致命的欠陥を、この党が抱えていることを物語っている。

だが九八年選挙の敗北に限っては、「次に勝てばよい」とのんびり構えていられるような状況ではなかった。何よりも、二〇〇〇年三月の総統選に向けてただちに準備にかからねばならず、しかも総統選という最重要の政治対決で二回続けて惨敗するような事態は、遠からず政権を目指そうとする党としては許されない。ところがこれぞという候補が当座のところ見当たらず、李登輝の後継者を打ち負かせるような基本政策と選挙戦略を短期間でまとめられる見通しがあるわけでもなかった。

実は「トリプル選挙」は民進党の敗北だったとはいっても全敗したのではなく、有力派閥「福利国連線」のリーダー謝長廷が、高雄市長選で四千五百票の僅少差で勝っている。高雄ではまず勝てないというのが事前の予想だったが、国民党候補が女優を使って謝長廷の人格を全否定するようなビデオテープをつくり、それがテレビでも流されるという勇み足をし、最後の最後で逆転した。だが民進党が高雄市政を初めて握ったことも、台北市と立法院の敗北のショックでかすんでしまい、「少しは勝った」と言えるような空気ではなかった。

選挙後すぐ浮上してきたのが人事問題である。主席の林義雄は開票当夜、「民進党の本土化改革は国民党と新党の挟撃で挫折した。近く原因を討論し、責任の所在を明らかにする」と引責辞任の意向を示唆した後、四日後の中央常務委員会で辞意を表明し、「山に登ってくる」と言い残して姿を消してしまった。陳水扁が「主席に敗北の責任はない」と率先して慰留し、林の方からも陳に連絡をつけてきたことで、辞任騒ぎは二日で収まった。結局林は残留、秘書長の邱義仁《きゅうぎじん》が責任をとる形で退き、その後任に、宜蘭県長を退いた後陳水扁に請われて台北市高速鉄道(地下鉄)公司の会長に転じていた游錫堃が就任した。林の辞任騒ぎといい游の処遇といい、陳水扁の党内での発言力を無言のうちに示す結果になった。

これよりも厄介な問題は、次期総統選に出る強い意思を見せていた長老の許信良をどう処遇するかであった。許は国民党との連立論者として知られる存在だったが、国民党が九八年立法院選で過半数をはるかに越す議席をとった以上、先方が連立政権を望むはずはなかった。それでも無理に連立を図れば、民進党は国民党のパートナーではなく「被保護者」に転落してしまうことはわかりきっている。

許信良の連立論がいかに高邁な哲学に立脚したものであっても、新しい現実の中では彼の持論自体がすでに時代精神からはみ出していた。許が属する美麗島系は世代交代の進行で数年前から弱体化し、彭明敏の「許信良の裏切り」発言以来、許は信用も失っていた。

皮肉なことに、陳水扁が落選することによって、他党との連合を排する彼自身の単独政権の主張は、客観情勢に合致するものとしてかえって説得力を増した。党内外の情勢が敗北のその日から陳水扁擁立に向かって動き出したのも不思議ではない。市長選落選の夜十一時前、車椅子の夫人と一緒に彼が選挙本部前の集会に現れると、「阿扁がんばれ」「総統を目指そう」の大合唱がわき起こった。彼は敗北宣言の中で、第二次大戦の英雄チャーチルが後に選挙で敗れた時の言葉を引用し、「傑出した首相に非情であり得たことこそ、偉大な民族のあかしである」と演説し、群衆の激励に応えた。陳水扁の落選は感情の濃密な台湾人の同情心を刺激した。彼は台北でとくに催されたサイン会で手が動かなくなるまでサインし続けなければならず、阿扁グッズは三倍以上の闇値がついて飛ぶように売れた（『新新聞』誌、98年12月17日号）。

こうなっては、策士・許信良の「一生の念願だった総統選出馬」も、民進党に居残る限りでは実現の目はないと考えざるを得ない。最長老の黄信介の仲介で陳水扁との和解会談が開かれ、陳水扁が「許信良を党公認とすることを支持し、自分が選挙参謀をつとめたい」と一応譲る態度を見せたのを許信良はすべて黙殺し、脱党の道を選ぶほかなかった。

民進党は理念を追求することを身上とする党であると見なすなら、人気を最優先させて総統選の候補を決めることには、確かに問題がある。大衆受けばかり狙っていると「民粋主義」に堕し、理想も理念もなくなってしまうからである。「勝ち目のある候補者に相乗りしようとする一般党員の態度は、理解はできるが望ましいとは思わない。民進党は政権を取れないのではないかという有権者の懐疑を克服できる候補者でない限り、選挙にも勝てるわけがない」(『中國時報』99年3月16日付のインタビュー)という許信良の気概は、理論家党員にも通じたようであり、新潮流系の林濁水らからさえ、「党は許信良に不当に冷たい」という声が上がった(『聯合報』99年3月30日付)。

許信良は「同志たちよ、ここで別れよう」と題する党への哀惜のメッセージを残し、九九年五月七日民進党を去った。その中には、次のような党への警告が含まれていた。

党の社会的イメージは好転したけれども、党内の主流および下部の教条主義者たちは〔「転型」を追求する〕われわれの努力を支持しないのみならず、甚だしきはわれわれの努力を敵視さえした。……党がもはや台湾の歴史発展の動力になり得ないことを、危ぶまずにはいられない。

(『新興民族』日本語版。台湾・亜太文化学術交流基金)

「独立綱領」を読み替える

許信良の脱党は、人事面で「転型」を一歩進めたものだと見ることができるであろう。彼の唱えた国民党との連立論を一口で言えば、一九九〇年代初めのように与野党がともに過半数に達しない状況を利用して、連立与党に入ることで民進党の勢力を伸ばしていこうという考え方であった。だがその発想の中には、あらゆる有用な物的・人的資源を握る国民党から、政局運営に協力する代償に「いただけるものはいただいてしまおう」という、かなり俗っぽい利益交換の発想が含まれていたことも事実であった。許信良については、金銭や利権が絡んだ噂がいろいろ流れたことがある。

実は陳水扁も後に「全民政府」と称する事実上の連立政府を考案し、総統選でも主張に掲げるのであるが、潔癖症で鳴る陳水扁が案出したのは、許信良流の利益のトレードオフを基本的に排除した人材中心型の機能的連立論であって、二つの連立論の間には発想の上でほとんど共通点がない。許信良が党を去り、陳水扁の主導権のもとで党が動き出したということは、民進党がとりあえず倫理的な純粋性を確認する方向へ「転型」を遂げ、その上で新たな執政への道を模索し始めたと解釈してよさそうである。

興味深いことに、許信良と行動をともにして党を去った幹部級の人物は、彼の幕僚格だった陳文茜《ちんぶんせい》を除けばほとんどおらず、許の夫人である立法委員の許鍾碧霞《きょしょうへきか》でさえ党に残っている。だから、党の分裂を深刻に心配する者は誰もいなかった。独創性を重視する許自身も、自分に追随する者が出ることを最初から期待してはいなかっただろうし、分裂を望んでいたわけでもなかったようである。

当時あまり目立たなかったが、党組織の動きとして注目すべきは、有力な党内派閥がまた一つ生まれたことである。美麗島系だった張俊宏を中心に結成された「新世紀国会弁公室」であり、中間派の小派閥のメンバーや一年生議員がこれに参加した。張は党内幹部では珍しく投資などをして資金を蓄えたと言われ、新派閥はその資金ラインに沿って形成されたらしい。理念よりも資金を重視した派閥は、民進党では初めてのユニークな存在である。これで美麗島系はさらに細り、「四強二弱」と呼ばれた派閥構成は五強プラス「独立連盟」の並立体制になった。長老級でただ一人主席を経験していない張は、新派閥を足がかりに主席への布石を敷いたのである。

ところで、民進党には敗北の重要な後始末がまだあった。いわゆる「台湾独立綱領」をどうするかの問題がそれである。党にとって画期的で、九〇年代半ばまでは躍進の精神的原動力でもあったこの綱領も、国民党の革新と中国による攻勢の強まりの中で、部分的に古くさくなってきていた。九八年の選挙で綱領や独立路線が厳しい非難を浴びたわけではなかったが、二〇〇〇年総統選では他党と中国の集中砲火にさらされることは目に見えていた。

「独立綱領」の修正の可否をめぐる論議は、「トリプル選挙」が終わって一、二週間すると始まった。陳水扁の「正義連線」を中心とする議員から提起された修正論に対し、新潮流系の理論家が修正無用論で応え、一時は激しい議論も交わされた。議論はかなり細部にも及ぶので、ここでは『中國時報』紙上に載った両論の骨子を紹介するにとどめる。


〈修正論＝立法委員・沈富雄〉

「台湾はすでに独立している」というのがすでに党内のコンセンサスであるから、もはや綱領で「独立・建国する」とうたう必要はない。「主権の独立した自主的な台湾共和国を打ち立てる」というくだりも「独立した主権国家を擁護する」などに修正する。「公民投票により建国する」という意味の部分は、「国号は必要に応じて改め、全国人民により法に従って修正する」と変える。公民投票→台湾独立→戦争→破滅という他党による民進党攻撃の図式を打破するためである。修正の最終目的は、わが党が台湾の独立を求める党だという負のイメージを払拭することにある。（98

年12月25日付）

〈修正無用論＝立法委員・林濁水〉

本省人・外省人を問わず、台湾人意識はすでに定着しつつあるし、世論調査では独立支持が統一支持よりもはるかに多い。客観条件は〔台湾本位主義の〕民進党に相対的に有利なのである。民進党は立場の上では有利なのに戦略・戦術で劣るという状態を改めるのが先決である。安全を確保しつつ独立を実行可能にするような方策を考えるべきであって、綱領を修正し、党の立場を場当たり的に変更することは危険だ。綱領を修正してから今回の選挙に臨んでいたら、建国党などにもっと票を奪われ、日本社会党が共産党に取って代わられたような状況が再現されていただろう。（同12月17日付）

議論が感情に走るようなことがなかったのは、総統選という現実問題が目の前にぶら下がっており、決定的な対立にまで進めば即致命傷になることがわかっていたからであろう。結局は綱領に修正を加えるところにまでは進まず、別途決議の形で修正論を盛り込むことで、穏やかな収拾を見た。五月八日、党大会が採択した「台湾の前途に関する決議」は、序文、七項目の主張、説明の三部分からなる。その骨子は次のようなものであった。

・台湾は主権の独立した国家であり、独立の現状を変更するには、台湾の全住民による公民投票の方式を経ねばならない。

・台湾は中華人民共和国に属しておらず、中国が一方的に主張している「一つの中国の原則」「一国二制度」は、台湾には根本的に適用できない。
・台湾は「一つの中国」の主張を放棄すべきである。
・台湾は公民投票の法制化を速やかに進めるべきである。
・台湾と中国は全方位的な対話を通じ、相互理解と経済・貿易の互恵・合作を追求し、和平の枠組みを打ち立てるべきである。（以上、「主張」の第一、二、四、五、七項）
・独立の現状を変更する時は、台湾の全住民による公民投票の方式を経て決定されねばならない。
・「中華民国」の国号ばかりでなく種々の名称を使用し、各種の公式・非公式国際組織に広く参画してゆく。（以上、「説明」の一部）

九一年に決定された「独立綱領」との最も重要な違いは、住民投票の目的が「独立国家を樹立する」ためから、決議では「独立の現状を変更する」ためへと、逆転していることである（第四章一二四ページを参照）。つまり新解釈では、「独立しない」または「中国と統一する」ことを住民投票で決めない限り、現行のまま「独立状態」を続ければよい、ということになる。原綱領に忠実であれば、「独立は許さない」と言い張る中国の目の前で、時機が到来したら住民投票を決行して独立を宣言するわけであるから、きわめて挑戦的であるが、決議の線で行けばただ黙っていればそれでよく、中国をいたずらに刺激しないで済む。看板を下ろさずに重要部分の解釈だけを変更するこの方法は、なかなかのチエではあった。

決議には「台湾共和国」の国号が全く出てこない。代わって、「中華民国」を半ば肯定するような「説明」が付されている。国号に関する民進党の基本的立場は、住民の意思に関係なく中国大陸から持ち込まれた「中華民国」は肯定しない、というものであったが、「すでに存在するものはあるがままに肯定しておく」ことに変更された。威勢はいいが現実的でないことはしないという態度が、ここにも表れている。決議は二百三十三対二十一という大差で採択され、民進党はドグマの呪縛からの脱出を開始したのであった。

「新中間路線」の登場

「重要な突破口を開いた」とメディアにも概ね評価された「決議」を通した翌日、党大会は別途「公職候補者指名に関する臨時条例」を採択した。半年前に台北市長選で落選したばかりの陳水扁を、総統選に党公認で立候補できるようにした一回限りの規則である。

既存の党条例では、県市長、直轄市（台北と高雄）の市会議員以上の選挙に出る者は、四年に一度しか公認が受けられないことになっている。議員や首長になるチャンスを党員に公平に与えようという趣旨であるが、人材が山ほどいるわけではない民進党の場合、時には不都合が起きることがあった。台北市長選で公認候補になったばかりの陳水扁も、これに従えば総統選では党の公認を得られないことになる。

現実問題として、総統選で勝てる可能性のある人物は陳水扁をおいてほかにいなかったが、かといって陳水扁一人のために党の規則をいじるわけにもいかない。まだ党内にいた許信良の陣営からは、「規則通りにしないと党の分裂を招く」という反発もあった。そこで規則は当面「凍結」し、「福利国連線」の張俊雄の提案で例外的に臨時の規則をつくることにしたのである。高雄市長に当選した謝長廷がその二年半前に副総統候補に公認された前例もあり、党大会では反対はごく少数であった。このころ陳水扁は許信良引き留めのために表向き総統選不出馬を表明していたが、臨時規則に従い推薦か指名で党の公認が可能となった。

こうして、陳水扁出馬への障害はすべて取り除かれた。「台湾独立綱領」の読み替えにしても党規則の凍結にしても、かなりの無理を承知の作業ではあったが、陳水扁を盛り立てるしか、民進党が「転型」を前に進める手だてはなさそうであった。陳水扁自身も気の重い役割を演じきる覚悟を、三月ころにはすでに固めていたと思われる。

民進党にとって残る大きな問題は、政策の基本線を決めることである。陳水扁や党幹部の発言を後からたどってみると、九九年三月から四月にかけて、基本構想が徐々に形を整え始めたことを思わせる。

例えば陳水扁は、三月下旬ころから「新中間路線」という耳慣れない言葉を口にするようになった。ただ、この時期には彼自身が路線の具体像を脳裡で描ききっていなかったようであり、「民進党にも総統候補にも『転型』が必要であり、党の伝統的な主張や思考を離れて第三の道に進まねばならない。……『新中間路線』は最近の思索に基づいた新しい概念である。民進党には党派にこだわらない思考が必要である」(『聯合報』3月20日付)と、ごく漠然と説明するにとどまっている。

これだけでは、はた目には何のことかわからない。連立政権構想のようにも見え、また独立路線を統一との「中間」の方向へ修正した新路線とも想像できる。戸惑った台湾のメディアは、それ以後二、三か月間この概念にはほとんど触れなくなった。自伝『台灣之子』(台湾・晨星出版)で陳水扁自身が記しているところでは、九九年四月二十五日、北大西洋条約機構(NATO)首脳会議の閉幕にあたりアメリカのクリントン大統領、イギリスのブレア首相ら五人が「第三の道」について討論したことが、彼の「強い関心を引いた」とあり、この時が「新中間路線」構想の出発点だったように書かれている。それが事実であれば、三月下旬の段階では、おそらくまだ「新しい概念」の断片を構成中だったのであろう。

「新中間路線」が総統選を戦う党のグランド・デザインとして彼の口から明示されたのは、七月十日の臨時党大会の席である。きわめて包括的であるうえ、「第三の道」「六大テーマ」など、さまざまなキャッチフレーズに言い換えられてもいるために、必ずしも明快で現実的とは言えないが、陳水扁自身のまとめに従って要約すれば、ほぼ次のようなものである。

・グローバル化を視野に入れつつ、省籍、民族、政党、統一・独立の間の矛盾を乗り越え、最大公約数的なコンセンサスを追求する。いかなる極端をも求めない。

・非政府組織(NGO)などの社会組織を重視し、官民の協力を図る。いまや世界的潮流である政権交代を実現させ、それによって宿弊の「黒い金」問題(選挙や政治に裏金や賄賂が絡む悪習)を根本的に解決する。

・国家の安全を最優先する。そのために何よりも中国との全方位の対話と交流を求め、対中国関係を調整する。複数の対話チャンネルの設定、軍事面での信頼醸成、台湾の安全を前提とした通航・通商・投資の制限撤廃、平和条約または基礎条約の締結を図る。

・実務的で平等な対外関係を強化し、台湾の生存空間を拡大してゆく。とくに日米両国と安定した安全協力関係を結ぶ。
・透明度と信頼性の高い財政・経済政策、良質の生活水準の確保、民間の活力を生かした文化・社会政策、ボランティア運動の促進による財政負担の軽減を図る。

（前出『台灣之子』第五章「新中間路線的政治哲学」、及び付録に収載の民進党臨時大会での演説による）

過激な政党というイメージを塗り替えようという意図と、野党としての経験を強調して「黒い金」追放などの新味を出そうとしていることが特徴、ということになるであろうか。

これと平行して、陳水扁は四月十日「台湾民主大連盟」と称する連立政権（民進党の用語では「全民政府」）の構想を示した。立法院で民進党の議席が三分の一でしかなく、中央での行政経験がないために官僚の協力が不可欠であることを考慮した連立構想であった。「民進党の執政人事は人材を最重視し、党重視とはしない」（『中國時報』4月11日付。モンゴル訪問中の陳水扁発言）のが連立の原則であり、政府として実際に機能させることが彼の主たる関心事であった。政党間の力関係を重視した許信良らの合従連衡型の連立と質的に異なることは、さきに触れた通りである。

こうして、九九年半ばには、民進党は「転型」へのハードルを一つ跳び越えた。「転型」の推進役に押し上げられた陳水扁という人物は、理念や政治哲学にはどちらかと言えば関心が薄く、実務を精力的にこなしてゆく中で新境地を開いてゆくタイプの政治家である。理想家型のリーダーのもとで支持を集めてきた民進党は、初めて実務家型の人物を軸に据え、党の将来を賭けることになったのである。

第6章

阿扁《アビエン》総統

陳水扁という人物

陳水扁の母・陳李慎。孝行息子の陳水扁が建ててくれた台南県の自宅で、息子の総統当選を喜ぶ。（提供＝読売新聞記者・石井利尚氏）

民主進歩党の幹部は、出身範囲が意外に狭い。社会運動の活動家かイデオローグ、留学帰りの独立論者か地方のボスと、これだけでかなりの部分を占める。このほかに、一九八〇年代前半以後に新しく民主化運動に加わった人たちに比較的多いのが、弁護士、医師といった専門職の経験者である。民進党「転型」のさ中で総統に当選し、台湾の将来を決定づける重要な時期に舵取りをする陳水扁《ちんすいへん》は、この最後のグループに属する。

専門職出身者たちに共通するのは、比較的高学歴で有名校の卒業者が多いことのほかに、本来の職業の社会的地位が高いことであり、民主化運動に投じる以前に、すでになにがしかの社会的影響力やプロフェッショナルとしての声望があった者もいた。民進党員にしては珍しく、企業界などの経済力のある著名人と、強い人縁関係を持つ人さえいた。企業の顧問弁護士だった関係で、台湾の一流企業の経営者に支援者が少なくない陳水扁も、その一人である。彼のように専門職から野党活動に転じた人たちは、際だった理論家が少ないかわりに、社会環境の変化に対して迅速かつ的確に適応する能力が高い。知識欲が人並み以上に強いことは言うまでもない。

民進党が理念先行のイメージ政党から政策政党に「転型」を試み、執政を目指そうという時に求められたのは、まさしくそのような人材であった。できれば行政実務の優れた経験があることが望ましく、近寄り難い威厳よりも親しみやすい大衆性を具え、独裁者であるよりも調整役である方がいいのである。陳水扁はそうした条件をかなりの程度まで満たしており、新時代の民進党リーダーになるべき高い水準の資質に恵まれていた。

陳水扁が台北市長に当選し、思い切った市政改革をがむしゃらに進めて国際的にも知られ始めていた時、メディアは「彗星のように現れた若きスター」と評した。総統を目指す気になった時党内にたまたま競争相手が少なかったり、二〇〇〇年総統選でも一九九四年市長選でも他の候補者が票の奪い合いを演じたり、幸運としか言いようのない偶然には確かに恵まれていた。だが、彼が比較的短期間に総統にまで上りつめるプロセスが、すべてもののはずみだった、というわけではない。むしろ、時代の要請に敏感に即応できる資質を具えていたからこそ圧倒的な衆望を集めることができたのであり、台湾の存亡がかかった転換点に、どんぴしゃりのタイミングで居合わせることもできた、とさえ言えるであろう。

1 「台湾の子」として

家貧しき優等生

陳水扁は、選挙になるとスタッフを動員して、効果的なテレビ・コマーシャルをつくるのが巧みであり、民進党幹部の中ではその方面の草分け的存在である。そうしたスタイルは、党員からもいくぶんの批判を込めて「メディア政治の極致」(前出『民進黨轉型之痛』)と評されることがあった。二〇〇〇年総統選でも、有権者が思わずテレビ画面に引き込まれてしまうようなヒット作を、いくつか出した。

その一つは、一九七九年の美麗島事件とそれに続く軍事裁判のセピア色の記録映像を使い、現在の民進党幹部がいかに苛酷な歴史を生きてきたかを強調したコマーシャルである。現党主席の林義雄《りんぎゆう》、副総統に選ばれた呂秀蓮《りよしゆうれん》、党の最長老で前年末に死去したばかりの黄信介《こうしんかい》らが被告として連行されてゆく場面や、軍事裁判で最年少の弁護人だった陳水扁自身の肖像など、当時の民主化運動指導者の若々しい姿が次々に映し出される。場面は変わり、すでに中年から初老の年齢にさしかかった「民主の元戦士」たちが笑顔で抱き合って団結を確かめ合い、それに群衆が拍手で祝福を送るカラーの情景が映る。抒情的な音楽と合わせ、なかなか感動的に出来上がっていた。

いま一つのヒットは、投票日が近づいてから流された「台湾の子」群像篇である。陳水扁が故郷で一緒に遊んだ幼友達や、彼を教えた小学校の先生や、町工場で働いている親戚といった平々凡々の市民が、大勢出てくる。台湾人がいつも心中に抱いているそこはかとないふるさとへの思いを、いやがうえにもかきたてる風景画的な映像は、陳水扁が台湾の人と風土に寄せる限りなき愛着を描き出す。締めは、アップになった彼のモノローグである。

「彼らはいまここに生きる。彼らの家は永遠にここにある。外国のパスポートも持っていないし、外国へ送金しようと考えたこともない。台湾の平安は、彼らの平安である」

対立候補の一人だった宋楚瑜《そうそゆ》の息子がアメリカ国籍を持つ事実と、宋が国民党の公金をひそかに海外に送金していたとされる疑惑をさらりと批判しつつ、陳水扁が台湾独立を宣言して住民を戦争に追いやるような危険人物では決してない、生粋の「台湾の子」であることを訴えるのが、コマーシャルの狙いである。この作は、品もムードもないことが多い他候補のものとは比較にならない出来で、評判になった。陳水扁の当選後、コマーシャルに出てきた人たちはすっかり有名人になり、テレビ局のカメラマンに追いかけられた。

「台湾の子」という語は、陳水扁が生粋の台湾人の代表であることを簡明に訴えた総統選のキャッチフレーズであり、選挙戦の中盤に発売された彼の自著名（前出『台灣之子』）でもある。この著書は、彼の生い立ち、政治理念、政治家としてのキャリアなどを、大急ぎでまとめ上げたことがはっきりわかってしまうような本であり、政治家の宣伝書であることを割り引いて読んでも、外国人の目にはあまりいい出来とは思われない。それでも、台湾というこの土地に対する彼の強い愛着だけは、行間からよく伝わってくる。総統に当選しないうちからベストセラーになったのは、そのためのようである。

自序はこう始まる。

無から有へという私の半生は、圧倒的多数の台湾人と同じである。下から上へ、誰もが貧窮を抜け出し、より広い人生に向かう道を歩んできた。自分に意志と力さえあれば、いかなる制約があろうとも、最大限の可能性を切り拓くことができるのである。

陳水扁は、南部台湾・台南県の官田郷西庄村の農民の子に生まれた。生年月日は戸籍では一九五一年二月十八日となっているが、実際の生まれ年は五〇年である（劉寶傑・郭淑媛『出手與出馬——該出手時就出手』台湾・周刊商業出版）。父母ともに小学校に三年通っただけで無学であり、「佃農《ティエンノン》」（小作農）の境涯から抜け出せるような機会はなかった。父・陳松根は、貧しさゆえに楽しみといえば酒だけであった。廟の前で酔いつぶれているようなことが時々あり、夜何時になっても帰ってこない父を、幼い陳水扁が探しに行ったりもした。口下手で直截的にものを言う「遺伝」を息子に色濃く残した父は、肝臓癌で若死にした。酒と重労働、それにマスクもしないで農薬を散布をしたためではなかったかという。（前出『台灣之子』）。

落ち穂を拾い、他の農家が掘り捨てたサツマイモを持ち帰って食べるという極貧の中で、父母は借金して息子を学校に通わせた。小学校から国民中学（日本の中学校に相当する）、高級中学（高校に相当）、そして全島一の名門・台湾大学まで、「阿扁」が例外なく一番の成績を通した優等生だった話は、あまりにも有名である。優等生の常で大人の言うことをよく聞く子であり、中学三年の時には、それまでに作文などでもらったたくさんの賞のポイントが加算されて、操行点で満点を超える一〇七点をとった（陶五柳『陳水扁震撼』）。

上昇指向を否定的な目で見ない台湾社会では、「乖乖牌《グァイグァイバイ》」（いい子ちゃん）であること、経済面で「下から上への道」をひたすら上り続けることは、美徳と見なされる。このころまでの台湾はまだ外省人の天下であり、外省人ならある程度の能力さえあれば黙っていてもいい教育が受けられ、栄達できた。そういう特権に守られた連中を競争相手に、本省人が常に一番の成績をとるのは、よほどの能力と努力がないと難しかった。「台大《タイダー》」のしかるべき学部を優秀な成績で出れば、高給の職が待っている。「阿扁」は卒業一年前の大学三年で弁護士試験に一番の成績でパスし、学生弁護士になった。そして、海事法専門の評判のいい弁護士として、注文通りいい収入をとった。まさに本省人が描く台湾ドリームを、そっくり実現したような青年であった。

人生の導師、生涯の伴侶

いい子ちゃん学生だったこのころの二つの出会いが、陳水扁のその後の人生を変えてゆく伏線をつくる。第一の出会いは、台湾大学の商学部に入ったばかりの一九六九年末、当時「党外」の名士だった黄信介の選挙演説を聞く偶然の機会があったことである。黄はこのころ台北市会議員であり、立法院の増員選挙に立候補していた。反政府的な言論をまだ口にしにくい政治状況であったにもかかわらず、黄はあからさまに政府を罵倒し、至るところで大変な人気だった。

陳水扁は台北市内で彼の演説会をのぞき、遠慮会釈しない黄の舌鋒に圧倒されてしまった。優等生ではあったが血の気もある青年だった「阿扁」は、誰にも相談せず、その夜のうちに法学部を受験し直す決心をした。法政の道に進むことによって、黄信介の志に少しでもあやかろうとしたのである。「もしあの時に黄信介仙〔「仙」は長老への敬称〕の演説を耳にしなかったら、自分の人生は全く変わり、いまでも朝九時から午後五時まで勤めにいそしんでいただろう」（前出『台灣之子』）。

学部を替えると次の受験まで一年を棒に振らねばならず、法学部は翌年から一年延びて五年制になることになっていたから、親が借金して息子を大学に行かせていることを知っていた彼には、余計な負担をかける親不孝な決断ではあった。だがこの時に思い切って将来の進路を変え、その四年後に弁護士になったことで、やがて野党運動に参画する選択も生まれたのであった。

総統に当選した翌朝、陳水扁は黄信介の墓に詣で、黄の遺志だった政権交代が弟子の手で実現したことを報告している。「民主の先覚者の貢献がなかったら、民主の勝利もなかった。この勝利は天上の信介仙の導きだ」という思いであった（『自立晩報』3月19日付）。

いま一つの重要な出会いは、後に夫人になる学生時代の呉淑珍《ごしゅくちん》と知り合ったことである。本来内向的で真面目一方の陳水扁と、外向的で自由闊達な性格の呉淑珍という対照的な組み合わせは、まさに天の配剤であった。夫人が陳水扁の政治判断に相当大きな影響力を持っていることは、二人の周りでは知らない者はいない。一九九七年の末ころ、夫人が台北市長だった陳水扁に「もう一つ上を目指して準備せよ」と勧めたことは、前章に触れた。夫が党主席から総統選を狙う方針を変えて翌年の市長再選に臨み、結局はそれに失敗した直後、夫人は「だから言ったでしょ。私の勧めた通りに主席選挙の方にしていたら、いまさらじたばたせずに済んだのに」と、ずけずけ言ったという（前出『走出金枝玉葉』）。

皮肉なことに、陳水扁は市長再選に失敗したことで総統選に出馬する流れに乗らざるを得なくなり、一度苦汁をなめて遠回りしたことで、かえって本来の目的を達成した。結果的には、陳水扁が総統の座を手にするコースを二人とも読み間違えたわけである。

総統当選の日の夜、選挙本部前で催された大集会に、いつものように呉淑珍は車椅子に乗って夫と一緒にステージに立った。マイクが回ってきた時、夫人は独特の早口でかなり長い打ち明け話をした。一年半前に陳水扁が市長選に敗れた翌日、夫人の父で台南県の地元では知られた医者だった呉崑池が、肝臓癌で危篤になった。夫人は飛んで帰り、翌日父の最期を看取ったが、陳水扁は選挙の後始末に追われていて間に合わなかった。岳父の辞世に立ち会わない者は、家族間の関係が濃密な台湾では親不孝扱いされる。しきりに済まながる夫に、夫人は「気にしないで。それより、台北市民が阿扁を市長にしないと言うのなら、思い切って総統になってやりなさいよ」とハッパをかけた、というのである。

集会のスピーチがみな歓喜の絶叫ばかりだった中で、このしんみりした話は目立った。大きな旗を振り回して騒いでいた「扁迷《ビエンミエー》」（陳水扁の熱狂的支持者）の大群衆も、しばらくの間シンと静まり返り、夫人の話に聞き入った。なかなかの肝っ玉夫人のようであり、この女性あってこその新総統と思わせた。

呉淑珍は、日ごろから「政治は嫌い」と広言してはばからない。結婚する前の若いころからそうであったようであり、台北で知り合ってから、「阿扁」は「阿珍」を時々政治向きの集会に連れて行ったが、彼女にはただ退屈なだけであった。二人は台南県の同じ曽文中学にいたことがある。陳水扁の学年が一つ上で、当時から顔は知っていた。つき合うようになったのは、彼が台湾大学法学部、彼女が中興大学地政学部で、ともに一年生だった時である。「阿扁」は、成績は抜群でもひどく貧乏な野暮ったい学生で、彼女の部屋に置いてあった洋服箪笥を、冷蔵庫だと思い込んでいたことがあったという（前出『陳水扁震撼』）。

卒業翌年の一九七五年二月、二人は結婚した。現在の台南県麻豆鎮では有名な内科兼小児科の裕福な医者だった彼女の父は、一人娘が赤貧の農家の息子と所帯を持つことに、「釣り合いがとれない」と言って反対した。連れだって帰郷しても婿と顔を合わせたがらず、娘が生まれてからようやくうち解けるようになった（『台湾日報』00年3月19日付）。

海事法専門の弁護士という陳水扁の職業は、収入では申し分なかった。現在では台湾有数の大企業だが当時まだ成長途上にあった長栄海運をはじめとして、数々の企業の顧問弁護士を六年間つとめ、実家の借財も全部返済したし、有名な起業家の張栄発らの面識も得た。外国に留学して専門知識を深めようかと考えたこともある。二十代の陳水扁は、反体制運動とはむしろ正反対の社会的地位にあり、ひたすら中産階級への道を走り続ける若きプロフェッショナルであった。

だが、台湾社会を揺るがした一九七九年十二月の美麗島事件が、彼の人生を一変させてしまう。翌年初め、仲間の弁護士が「美麗島事件の軍事裁判で弁護人をする気はないか」と打診してきた。黄信介ら被告二人の弁護人がまだ決まっていないという。黄信介なら、かつて演説を聞いて感銘を受けた民主化運動の活動家であり、彼が法学部に進路を変える動機をつくった人物である。軍事裁判の被告の中には、比較法学会で知り合った林義雄や呂秀蓮も含まれていた。気持ちは動いたが迷った。「反乱分子」の弁護などしたら当局ににらまれ、顧客には見放され、何不自由ない生活が脅かされる心配があったからである。

結局弁護人を引き受けたのは、夫人が勧めたからであった。電話で相談された呉淑珍は即座に、「尊敬する人が、反乱行為をしたわけでもないのに死刑になるかもしれないんでしょう。こんな仕事を引き受けないのなら、弁護士なんて要らないじゃないの」と答えたという（前出『台灣之子』）。

こうして、売れっ子弁護士だった陳水扁は反体制運動にかかわりを持つことになった。三十歳の彼は、弁護団中の最年少であった。

政治の世界へ

美麗島審判の弁護人を引き受けてみて、当時の国民党支配が自分の理解と想像をはるかに超えるほど専横で暴力的であったことを、陳水扁はあらためて思い知ることになる。

一九八〇年三月六日朝、彼は心中で尊敬していた獄中の黄信介と初めて面会した。間もなく始まる裁判の打ち合わせのためである。黄は監視がついていたにもかかわらず、密室での取り調べでいかに残酷な拷問を受けたかを、詳細に話して聞かせた。黄が「生き地獄」と表現した一部始終に、陳水扁は「死んでも忘れないだろう」と思ったほどの衝撃を受けた（前出『陳水扁震撼』）。三月十八日公判が始まると、陳水扁はいきなり拷問の件を取り上げ、自白の証拠能力について再調査を要求した。当時の法廷では拷問の事実を取り上げること自体が勇気の要ることであったから、弁護団は刑事案件の経験がほとんどない若造弁護人の蛮勇に驚き、審判は冒頭から荒れた。

審判が始まる前から、被告や弁護人の家族は特務の影に怯えねばならなかった。二月末、林義雄の母親と双子の娘が白昼惨殺された事件は、必要とあれば特務は殺人さえやってのけることをはっきり示した。その事件の翌日、陳水扁の家に賊が入った。洋酒一瓶、呉淑珍お気に入りの目覚まし時計、それに婚約指輪がなくなっていた。ただのこそ泥にしては盗品の取り合わせが変である。深くは考えないことにしたが、盗聴器が仕掛けられたくらいの覚悟はせねばならない。夫婦には尾行がついた気配であり、夫が外出中は家族も用心して家を空けるようにした（前出『走出金枝玉葉』）。予想もしなかった緊張の日々であった。

弁護団の熱情的な努力もむなしく、八人の被告は全員有罪になった。黄信介は、施明徳の無期懲役に次ぐ重罪の懲役十四年であった。最初から仕組まれた恣意的な裁判であったことがわかればわかるほど、陳水扁はそのままじっとしていられなくなった。彼の自伝には、美麗島審判の法廷経験が、政治の世界に飛び込む決意を固めた動機になったように記されている。そのくだりはこうである。

後になって、謝長廷、蘇貞昌ら何人かの弁護人と、これからどうすべきかを考えた。この時の接触を通じて民主運動を理解するようになり、野党運動が持つ力に深い感動を覚えた。最良の弁護〔の場〕は有形の法廷ではなく、無形の「人民の良心の法廷」であることを知った。最良の弁護とは、法の手続きに従って上訴や再審を提起することではなく、民主の先覚者たちが進み得なかった道に踏み込んでゆくことに違いなかった。

（前出『台灣之子』第二章「生命中的成長與力量」から）

翌一九八一年九月末、弁護団の仲間だった蘇貞昌と街でばったり出会った。彼は十一月の地方選で省議員に立候補するつもりだった。

「阿扁、みんなと一緒にやろうじゃないか」

気軽に言われた「撩落去《リャオレキ》！」の一言で、陳水扁の気持ちは動いた（前出『台灣之子』）。一か月余り後の台北市会議員の選挙に出よう、というのである。この台湾語は、「やってしまう」という意味の俗語で、泥水の中に落ち込んでしまう、といったいくぶん偽悪的な響きがあるそうである。夫人と相談し、立候補することに決めた。呉淑珍が夫の選挙立候補に積極的に賛成したのは、前にも後にもこの時だけだったという（前出『走出金枝玉葉』）。

選挙戦は、やはり弁護団仲間だった謝長廷、党外の活動歴のあった林正杰《りんせいけつ》と、三人の共同戦線である。わずか一か月余の運動期間しかなかったから、呉淑珍自身をにわか選挙参謀に仕立て、黄信介の弟で前年に立法委員に当選していた黄天福らの助けを借りながらの素人っぽい選挙運動であった。

結果は、「三剣客」と言われた党外三人とも当選し、陳水扁は得票数で台北で一番になった。前年からこの年にかけ、党外勢力は美麗島審判をきっかけにして政治の世界にブームを巻き起こしていた。そのブームに乗って、「三剣客」をはじめとする若手は、黄信介ら党外指導者の第一世代が獄に送られた後のブランクを埋め、民主化勢力に新しい活力を送り込んだ。そうした意味で、陳水扁は政治生活の第一歩においてすでに、時代精神を体現する寵児だったのである。

2　政治遍歴とスタイル

投獄、夫人の遭難

台北市会議員・陳水扁は、戦闘性と大衆性を露骨なまでに前面に出すことで、すぐさま市政記者の人気者になる。弁護士時代に培った調査能力を生かして、不正腐敗の実態を暴き出す具体的な資料を探し出し、市当局や当局と黒いつながりを持つ業界の大物を追及することがしばしばだった。しかも、そうした資料を公開する時には、誰にもわかるようにキャッチフレーズをつけたり、手際よく仕分けしたりする工夫を施したので、記者たちは喜んでそれを記事にし、質疑応答の詳細まで報じることがよくあった。

例えば一九八四年四月の市議会での質疑で、市内の銀行の不良債権問題を取り上げた時には、百三十三人の債務不履行者名簿を取り出し、貸し倒れ額の多い順に金賞、銀賞、銅賞と仕分けして見せた上で、十何億という焦げつきが生まれる原因が官民の癒着にあることを、具体的に追及した。質問の分野は財政、衛生、建設など広い分野にわたっている。そうした戦闘的な議員活動に辟易し、狂犬のような男だと怒る市幹部もいたかわりに、ひそかに拍手を送る職員もいた（前出『陳水扁震撼』）。

だが、「弁護士はもともと野党的職業である」と広言してはばからない彼のスタイルは、中央でも台北市でも絶対多数の与党であった国民党にはひどく憎まれ、ついには揚げ足を取られるような形で投獄されることになる。

きっかけは、陳水扁が社長をしていた党外雑誌『蓬莱島《ほうらいとう》』が、八四年六月のある号に掲載した記事で、国民党右派に属する外省人大学教授の馮滬祥《ふうこしょう》（二〇〇〇年総統選で新党の副総統候補。一九四八～）の著作について、外国で発刊された書物の剽窃であると批判したことである。馮は陳水扁、発行人の黄天福、編集長の李逸洋（一九五五～）の三人を告訴した。「盗作の疑いが濃厚」とする外国での鑑定もあり、裁判は『蓬莱島』側に有利で無罪かと思われた。だが、翌八五年一月に下った判決は、有罪であった。

司法の公平性が現在でも疑問視される台湾では、美麗島審判に見られるように、裁判所は国民党当局の手足のように思われていたのが当時の実状である。懲役一年を言い渡された陳水扁は、制度通りなら弁護士の資格を失うことになる。この一件は、司法の名のもとに陳水扁に迫害を加えようとする国民党当局の差し金である疑いが濃かった。

陳水扁は怒った。判決が言い渡されると、彼は被告席で手を挙げ、「不当な裁判と、台湾に言論の自由が存在しないことに抗議し、被告は上訴の権利を放棄する」と宣言した。生計の道が閉ざされることを承知の上で、自ら入獄への道を選んだのである。

この一件でその後に下した彼の処置は、陳水扁の倫理的潔癖に加え、巧みなアジテーター、有能なオルグとしての隠れた能力を、あますところなく示すことになる。彼は、馮に払わねばならない補償金二百万元を托鉢で集めると称して、全島にカンパ団を送り出した。権力の座にありさえすれば不義を押し通すことができ、人民から金をむしり取ることさえできることの理不尽を訴えるのが、カンパ団の本当の目的であった。

種々の曲折を経て、翌年六月いよいよ入獄の時が迫ると、三人の受刑者は「入獄送別会」なる集会を全土で催した。「蓬莱島三君子」が実際に姿を現した集会には大勢の群衆が押し掛け、陳水扁の故郷では四万人もの大集会になった。当局に刃向かう者がかえって人気者になり、英雄扱いされるようなことは、かつてなら考えられなかったことである。美麗島審判を経て、民主化運動が未曾有の盛り上がりを見せる中で、台湾社会は確実に変わり始めていた。陳水扁はそうした変化を敏感に読み取り、大衆運動を組織することによって、世論を味方につけ始めていた。

不可解なことに、陳水扁が上訴を放棄したにもかかわらず、司法当局は判決がおりた後、いつまでたっても彼らを収監しようとしなかった。このままでは、自分たちが当局とひそかに通じていると疑われるかもしれない。そんな無用の疑惑がかかるのを防ぐために、陳水扁はまず台北市会議員を辞職し、たまたま八五年十一月十六日に予定されていた故郷の台南県長選挙に、立候補することにした。

九月下旬、台南に赴いた彼の身辺には、いつも監視の目が光っていた。脅迫めいた手紙も送りつけられてきた。党外の共同推薦を得た選挙運動には確かな手応えがあったものの、地元のボスの力はやはり強かった。「阿扁」は予想外の高得票を集めたのに、結果は落選であった。

台北市会議員として政治に投じてからわずか五年ほど。好んで台湾語を使う優れた弁論の才能、それによって民衆との間の距離を縮めようとする努力、さらにはいかにも弁護士の出身らしい実務的な政治活動によって、「阿扁」は政治家として「全国区」の存在感を獲得し始めていた。法律に名を借りた当局の脅しも、また議員辞職や落選の悲運も、彼はさして気にかけはしなかった。

だが、さしもの陳水扁が手ひどく打ちのめされた悲劇が発生する。十種を超す彼の評伝類の中で、発刊年はやや古いが事実関係では信憑性が高いと思われ、この悲劇を生々しく記録している『陳水扁震撼』（前出）によれば、事件の概略は次のようなものであった。

投票日の翌々日、台湾の選挙の習慣に従い、陳水扁一行数人が「謝票」（支持に対する事後の感謝活動）のために台南県の関廟郷を回った。昼時になり、昼食をとるために全員車を降り、食堂に向かって歩き出した。それまで一団の先頭にいた陳水扁は、列を離れて小用を足しに行った。

そこへ突然、三輪トラックが猛スピードで一団の背後から突っ込んできた。歩いていた一行は叫び声を上げて飛び退いたが、最後尾にいた呉淑珍は逃げるひまがなく、三輪トラックに引っかけられた。気が強い彼女が罵りながら立ち上がろうとすると、一度通り過ぎたトラックが同じスピードで戻ってきた。彼女は車の下敷きになった。まるでローラーにかけるように、三度呉淑珍を轢いた車は、みんなの叫び声の中を逃げ去った。

彼女は瀕死の重傷を負い、病院で二度の大手術を受けた。頸椎が砕けており、再生が不可能なほどに粉々になった部分もあった。命は奇跡的にとりとめたが、彼女は胸から下の感覚を失い、それ以来車椅子でしか動けなくなった。

トラックを運転していた男は、間もなく逮捕された。だが、このむき出しで粗暴な政治テロの容疑者は裁判所内に「保護」され、公判が始まると裁判官室から法廷に出入りし、明らかに特別待遇であった。男は有罪になったが、何者かが大金を出して、いつの間にか釈放されていた。本当の下手人が男の背後にいて、当局も関与していたとしか考えられない、不可解な処理であった。

実務型の立法委員

呉淑珍の父は、「少しでも政治がかったことに関心がある危険な男には、一人娘はやれない」と言っていた。その岳父の反対を押し切って彼女と結婚した陳水扁にとっては、申し訳のたたない惨事であった。彼はそれから、「夜二度目覚める男」と言われるようになった。自分で夫人の面倒を見るために、夜中でも律儀に目を覚ますのだという。

陳水扁は、選挙集会のような大規模な集まりに、よく夫人を乗せた車椅子を押して現れる。「あれもあの男一流のスタンドプレーさ」と意地悪く見る向きもあるが、それは真面目一筋の陳水扁に酷というものであろう。彼自身が腕に軽度の障害をかかえており、日常生活には差し支えはないが、兵役には行かなかった。夫人を同行することが多いのを、障害を背負わされた者同士のいたわりと考えても、彼に好意的すぎはしないであろう。

強権体制下で民主化運動にたずさわる者は、自分以外にも犠牲が出ることを覚悟せねばならなかったという意味で、夫人の遭難は政治家・陳水扁にとって原罪のようなものであった。しかも、惨事から七か月後の一九八六年六月、有罪が確定して彼は入獄せねばならなかった。出獄は刑期が満了した後の翌年二月であり、歴史的な民進党結党の場には居合わせることができなかった。

この八か月の間に立法院の選挙があった。夫がこの選挙に出たがっていて、「自分が投獄されたら妻が出る」とも言っていたので、呉淑珍は不自由な体をおして、台北から立候補した。八六年十二月のこの選挙は、スタッフに演説の仕方を教えてもらいながら、好奇の目を浴びながらの、彼女にとってはつらい選挙であった。落選を覚悟していたのに、彼女は当選した。そのかわりに、美麗島審判以来の陳水扁の盟友だった謝長廷が、楽勝と言われていたのに落選した。

余談になるが、陳水扁と五歳年長の謝長廷は、この時から不思議な縁を繰り返し、政治家としていつも対照的な立場に立たされた。九四年の台北市長選では謝が本命と言われたのに陳が公認されたし、九八年の市長選では謝が高雄で当選し、陳は台北で落選した。二〇〇〇年総統選でもし陳が当選しなかったら、四年後の総統選では謝が党公認で出馬する目がかなりあったはずである。陳水扁の総統当選が決まった瞬間、謝長廷は党主席の林義雄と抱き合って歓喜を分け合った。謝にとって間違いなく党内のライバル的存在である陳の当選は、微妙な感慨をもたらずはずだが、テレビ画面で見た限りでは、祝勝集会のステージで陳の真後ろに立っていた謝の表情に、曇りは全くなかった。

陳水扁は出獄後数年間、立法委員になった夫人のスタッフ役をし、民進党が躍進した八九年の選挙に台北から立候補して当選した。この段階では、彼はたかだか市会議員上がりでしかなかったのであるが、出獄直後からすでに党の重要人物であるかのようなオーラに包まれていたようである。第四章始めの部分に記した通り、八八年の臨時党大会では台湾独立問題でいわゆる「四つの『もし』」を提起して、独立の主張に突進しようとする党内世論を抑え、発言力のほどを示している。

八九年から五年にわたった立法委員時代の陳水扁は、再び実務に強く舌鋒の鋭い模範的な野党議員として鳴らし、次のステップに進む土台を築いた。国民党との調整役であり、若手議員の登竜門のようなポストでもある党議員団の幹事長が、彼の最初の任務であった。立法院の政策論争でも、「高品質の政治活動」「強力な監督機能」をモットーにして、台北市会議員時代をさらに上回る活躍をした。記者団の評価は、やはり党内外を含めてもナンバーワンであった。

このころ彼がしきりに強調したのは、議員はプロフェッショナル（彼の用語では「専業」）であるべきだ、という主張である。過去の受難歴に寄りかかったヒロイズムや、理論的整合性にこだわるイデオローグが幅を利かしがちな民進党内では、この種のプロフェッショナリズムを真正面から掲げ、それを実行してゆくことは、実際にはかなり勇気の要ることであったし、抵抗や批判も受けた。総統に当選した時点でも、陳水扁の行き方を「理念の欠落した実利主義」「哲学なきポピュリズム」という厳しい評価が、党内のとくに長老層に存在する。

立法委員時代の彼にとって幸運だったのは、李登輝の民主化・台湾化が本格的に始動する中で、民進党が一応順調に躍進を続け、上げ潮に乗った野党の発言力が、急速に強まった時期にあたっていたことである。一九九〇年代初めの二、三年間は、李登輝の国民党主流と民進党のトップとの関係が、最も良好な時期でもあった。それだけに、国民党も民進党の言い分に理解を示すようになり、例えば、陳水扁が法曹界出身者として熱心に進めていた刑法一〇〇条問題（反乱予備・陰謀罪の部分を削除する一件）は、李登輝の民主化の方針に合致していたこともあって、予測よりも早く解決した。立法委員の公費スタッフを四人以上に増員せよという、彼をはじめとする民進党の要求にしても、最後には通り、資金力に乏しい野党議員の助けになった。

それは、幸運というよりも時代の潮流に後押しされたということであり、陳水扁はその潮流にうまく乗ることのできるタイプの政治家だった、ということでもあった。

「鴨霸《アバ》」？　人事の達人？

一九九四年末の初めての台北市長民選に、陳水扁は民進党の公認を得て出馬した。少なくとも夫人にとっては、おそらくは陳水扁本人にとっても、市長を民選とする時期は予測よりも早いタイミングで来てしまったようであり、夫人の伝記『走出金枝玉葉』（前出）にもそのように書かれている。

この年半ばに民進党の候補者選びが始まり、陳水扁のほかに謝長廷が出馬したい意向を表明した。党内の各派閥を巻き込んで、一時は厳しい争いになるかと言われたが、新潮流系が陳支持に傾いたことで大勢が決まった。七月半ばの第一回投票（党員投票）で陳が勝ち、謝は第二回投票（一般投票）前に出馬を辞退して、決着がついた。いわゆる「長扁の争い」について、陳水扁に好意的に記述している評伝『陳水扁震撼』（前出）は、謝が陳を全力で支持することを大衆集会で広言した結果、「長扁の盟約」が成立して円満に解決を見たとしている。謝が最後には譲ったことは事実であるが、実際にはもう少し複雑微妙な問題を残したと言われている。

陳水扁の市長選でのユニークな戦いぶりや、当選後に蛮勇にも似た市政を断行して人気を博した経緯は、前章の前半に記したので、これ以上詳細には触れないことにする。ただ、阿扁市政も後半には若干の問題が発生し、人気にもかげりが見えたことは事実であった。

市長時代の陳水扁と数回面談したことのある日本企業の台湾通によれば、陳市長の関心は日本人とじっくり話をすることよりも、外国人の客と歓談する情景をカメラマンにうまく写してもらう方にあったことが、ありありであったという。この種のパフォーマンス過剰の傾向を、党内ですら批判的に見る向きがあり、任期の後半には市民の中にも嫌みと受け取る者が少なくなかったようである。女装をしてみたり、伝統劇中の人物の格好をしてみたりというサービスは、彼以外の政治家、例えば李登輝でさえ試みることがある。だが、陳水扁の場合は、市民との接触がそこで完了してしまい、対話にまで進まないところが問題だ、というのである。

尊大で無理を通そうとするという意味の台湾語「鴨霸《アバ》」という言葉は、彼の悪い意味での代名詞にさえなった。彼自身もそれはかなり気にしていたようであり、自伝でもわざわざこの言葉を持ち出して、「そうしたイメージが生じたことを深く反省している」と記している（前出『台灣之子』第一章「不斷學習、蛻變的自己」）。陳水扁のポピュリスト的スタイルを取り上げ、さらに一歩進めてやや批判的に論じた論考には、次のようなものがある。

陳水扁は互いに矛盾した二つのイメージをつくり出した。その一面は、市民の参画を標榜し、民衆と苦楽をともにし、弱き者に同情を寄せる好ましい阿扁である。別の一面は、行政の優位を標榜し、鉄面無情であり、中産階級の価値観を持つ阿扁である。阿扁市長にはこの両面が同時に現れるために、彼には戦術しか脳裡になく、戦略がどこにあるのか不明だ、と受け取られてしまうのである。

（前出『民進黨轉型之痛』

陳水扁市政にスキャンダルもどきの事件や、失政を追及された案件がなかったわけではなく、彼の「市民主義」への期待が高かった分だけ、失望も大きかったという面が見られた。例えば、市内の高速鉄道（地下鉄）の試運転がトラブル続きでなかなか開通せず、彼は市議会で何度も謝らねばならなかった。働き蜂だった彼にしては珍しく、任期中に休暇をとってアメリカへ家族旅行に出かけ、その旅行中に台風が襲来して台北市内でも死傷者が出たのに、帰国もせずに悠々と旅を続けた、といった類の「悪い話」もある。だがそうした話は、揚げ足取りに類するものであったり、時には事実無根の感情的反発であったり、ひっくるめて言えば、彼の市政に対する肯定的な評価を覆すような「失政」は、あまりなかったと言っても、褒めすぎではなかろう。

議会では少数政党でしかなく、経験も人材も国民党よりもはるかに少ない民進党の総統・陳水扁は、いやでも連立政府を組織せねばならない。その意味で、市長就任当時に彼がどのような人事策をとったかは、どのような連立を組むかの参考にはなるであろう。

阿扁市長の人事構成を観察すると、トップとごく近いところに気心の知れた比較的若いスタッフを配置し、行政各部門の責任者には、党派も族群の所属も市長とは異なる人物を、経験と能力によって大胆に登用するという、二重構造になっていたことがわかる。

第一のグループは、二人いた副市長のうちの政務担当、広報を受け持つ報道室長、市長の側近にあたる副秘書長など、ごく少数からなる。政務副市長には、最初台湾大学から外省人ながら民進党の秘書長をつとめた陳師孟《ちんしもう》、彼が大学に戻った後は東呉大学から林嘉誠《りんかせい》（一九五二〜）と、学界の人材を迎えた。市政の運営に冷静な判断を持ち込もうという狙いであろう。報道室長と副秘書長は、陳水扁が立法委員時代からかわいがってきた羅文嘉《らぶんか》（一九五六〜　）、馬永成《ばえいせい》（一九五五〜　）を、それぞれ三十代で抜擢した。羅は宣伝方面に優れた才能があって、「陳水扁の振付師」と言われており、一方の馬（最初は参事）は、外省人二世ながら組織面で力を発揮してきた。民政局長に据えた李逸洋は、「蓬莱島事件」で一九八六年に陳水扁と一緒に入獄した同志である。

人事政策で陳水扁が日ごろから自負しているのは、国民党員であっても、また自分とは台湾への思いが異なる外省人であっても、市政の円滑な遂行に必要な人材であれば、思い切って登用してきた、ということである。彼の自伝でも、「用人哲学」に一章を割いて強調しているほどである。それによれば、「五大幕僚」の族群構成は外省人三、本省人一、客家一であった。優先課題であった交通問題を担当する責任者は民間企業の経営者だった国民党員、財政局長には民進党の本省人ショービニズムを好まないと明言していた学者に、それぞれ十分話し合った上納得ずくで来てもらった、という（前出『台灣之子』）。

要するに、行政の第一線はもっぱら効率のみを重視し、党派、族群、性別のバランスをとった、ということである。それは、「哲学」と言えるようなものだったとは思われないが、政治的・社会的な障害をプラグマチズムによって克服してゆく糸口にはなったであろう。陳水扁の実用主義は、経済成長によって概して社会的融合の方向に向かって変容しつつある台湾社会の実態に、案外適合しているのかもしれない。

粘り強い使命感の人

二〇〇〇年総統選の投票日間際になって、『陳水扁的眞面目』(台湾・李敖出版社)という本が出た。「真面目」といっても陳水扁を褒めているのではなく、逆に真偽をつき混ぜて陳水扁をさんざんにくさした、程度の低い本である。その中に、陳水扁が立法委員時代にスタッフの女性と情を通じていた、という話が出てくる。そのことを聞いた夫人の呉淑珍は、選挙運動先で「あの人はおよそ情趣というもののない人です。あんな朴念仁に関心を持つ女性など、いるわけがありません」と、言下に否定した(『聯合報』00年3月6日付)。

この本の著者は、新党の台北市会議員・李慶元と、ほかならぬ総統選の候補者(新党公認)の李敖である。台湾では名の知られた外省人著作家の李敖は、「私の意見に賛成だと思う人は、宋楚瑜に投票してほしい」とか、「私が出馬するのは政治運動のためではなく、文化運動のためである」とか、最初から風変わりな発言をしていた人物である。選挙の競争相手を非難した低俗な本を出すことが文化運動だとはとても思えず、女性問題の一件は選挙結果には全く響かなかったようである。

夫人なら夫の人となりは当然熟知しているわけであるが、はた目には陳水扁という人物は、思いのほか複雑に見える。大衆的かと思うと「鴨覇」と評されるような突き放したところがあり、柔軟な思考をするように見えて案外頑固である。彼の選挙運動は、スタッフが考え出した面白いアイデアに満ちているが、陳水扁自身は美男子でも背が高くもなく、見るからに真面目一点張りなので、パフォーマンスのここぞというところで彼が出てくると、あか抜けたアイデアを一度に裏切ってしまうようなぎくしゃくした動作しかできないことが、しばしば起きる。彼のパフォーマンス重視は、自分の弱点を知っていての策略ではないかと思わせるほどである。

陳水扁を知る人が誰でも言うのは、真面目であること、粘り強いこと、強烈な使命感を持っていることである。民進党内では彼と疎遠であることで知られる元主席の施明徳でさえ、「彼は政治家としての気概に乏しく、展望に欠けるところがあるが、真面目で、細かいことに目が届き、熱意もある」と、性格面での美点は認めている（筆者とのインタビュー）。台北市長時代に身近にいた元スタッフたちもほとんどが、仕事熱心で部下は働きやすかったと言っている。

もっとも、がむしゃらな働き蜂だということは、裏返せば深遠なことをゆっくり考えている余裕が持てない、ということにもつながる。陳水扁の派閥「正義連線」のメンバーになっている立法委員の一人は、「百パーセント政治家であり、『黒道』問題の処理などでは実に精力的だった。彼にとってこのうえ必要なことは、何よりも政治哲学ではないか。体系だった思想のようなものは、勉強を始めたばかりだと思う」と話していた。施明徳もそのような面の弱点を指摘していた。

よく耳にする人物評に、「陳水扁は人縁が良くない」というものがある。台湾人が好んで使う「人縁」という言葉は、一般的な人間関係よりも、「関係を良くしておくべき相手とうまくやっていくこと」といった意味合いである。陳水扁の場合では、人柄が正直であるために、思っていることがすぐ顔に出てしまう。だから、一度関係が悪くなった相手とよりを戻すようなことがなかなかできない。総裁選の選挙本部のスタッフに聞いたところでは、テレビでアップに映るような時は、感情を押し殺してでも笑顔でやってほしいと、何度も念を押したという。

陳水扁が市長になった直後に請われて政務副市長をつとめ、現在台湾大学の教授の陳師孟に聞いた総合的な人物評は、なかなか興味深いものであった。

彼によると、陳水扁は大衆的人気がある割にはシャイであり、肝胆相照らした親友はそう多くない。人縁が良くないという弱点は、彼自身知っているようだ。仕事に没頭することでカバーしようとしているのかもしれない。

政治家としてのセンスは優れている。少なくとも、原理主義者ではない。むしろ本来保守的であり、最近その保守性はかなり薄まったように思われる。新中間路線は、彼の体質に案外合っているのではないか。

陳水扁は官僚主義、形式主義が嫌いで、市政府の会議もっともらしさや堅苦しさはなかった。直轄市の市長は行政院会議に出席できるが、彼はただ厳粛なだけで内容に乏しいあの種の会議をばかにしていたようで、副市長の私によく代理出席させた——。

総統になる陳水扁は、野党のリーダーとしての使命を、台湾の指導者としての使命に置き換えねばならなくなった。選挙選の最中に聞いた陳水扁の元幕僚と、民主化運動の先駆者のアドバイスは、こうであった。

「中国の圧力が強まる中で、指導者は何をする必要があるか、早急に決めねばならない。単に『中間』を求めるだけでは不十分だろう。キーワードは『開放』だと思う。国際社会を呼び込むことによって台湾のセーフガードを図る以外にない。国際化することの中には、日本との関係を緊密にすることが含まれる」（陳師孟）

「市長、閣僚としては優秀であっても、総統として適任とは限らない。優れた総統になるにはそれなりの条件が必要である。政策が生煮えであってはならず、幕僚をうまく使うだけでは不十分である。『新中間路線』で、やっていけるのかどうか。人文・哲学の素養を、もっと深める必要もあるだろう」（施明徳）

終章にかえて

総統選候補者・
陳水扁とのインタビュー

インタビューに応じる陳水扁。左は著者（2000年１月５日）

■ きょうから三月の投票日まで、選挙戦の見通しはどうか。良い方に展開してゆきそうか、それとも厳しくなるのか。

陳水扁　選挙情勢がわれわれに有利になるのか不利になるのか、三月十八日までまだ日にちがあるので、どのようにでも変わる可能性がある。われわれは確固とした自信を貫いてゆく。世紀をまたぐこの選挙では、必ず当選をかち取れる。だが最後まで絶対に気を緩められない。有力対立候補の実力を考えてみても、それに今後の選挙情勢がどのようにでも変わり得ることを考えても、これからより自信を持つだけでなく、ますます気を引き締めてゆかねばならないだろう。

■ 李登輝総統が、選挙情勢を一変させるような手を打ってくる可能性はあるか。

陳水扁　それは誰にもわからない。だが多くの人が思い描いているように、李登輝総統の個性や過去のさまざまな行動からすれば、これから二か月の間に、李総統が以前の「二国論」のような思い切った行動に出ないとも限らない。

新路線について

■ 「新中間路線」を打ち出して以後の反応はどうか。十分に理解されているか。

陳水扁　一年前に私が「新中間路線」、あるいは「第三の道」を提起した時には、よくわからなかった人が多かったし、われわれにも明快に説明する機会がなかったので、外部には誤解や疑問が少なくなかった。それ以後かなり時間があったから、よく説明するだけの機会にも恵まれた。一か月前にはロンドンの大学を訪れ、学長の依頼で、台湾の「新中間路線」の政策とビジョンについて公開の講演をした。その時には、「第三の道」を台湾の二大新聞も大きく報道した。最近では、異議を唱えていた人の中にも、「第三の道」「新中間路線」のモデルを追求するのが、おそらく究極的な解決への道だろうと考えるようになった人が出てきた。

われわれが見るところでは、国民党はわれわれが「新中間路線」を唱えることを恐れている。過激な道に踏み込もうとしている、と向こうが言っているのを見ても、それがわかる。だから、この路線は極端に走るものでもなければ、脇道にそれるものでもなく、どちらにも偏らず、議論を重ねながら、異なる利益の中に共通の利益を求めようということなのだと、説いてゆかねばならない。台湾の場合で言えば、統独〔統一勢力と独立勢力〕、党派、種族を超越する、ということだ。

━　「新中間路線」は、まだ形成途上にあるように見えるが、どうか。

陳水扁　「新中間路線」「第三の道」は二十世紀末の新しい政治思潮の主流になった、というのがわれわれの基本認識だ。欧米諸国はおしなべて、左右どちらでもない、中間にあたる第三の道を求めている。一言で言えば、資本主義の長所と社会主義の優れた部分、つまり資本主義が重視する経済発展や経済成長と、社会主義が重視する社会正義や福祉を兼ね備えるのが「新中間路線」だ、ということだ。両者を矛盾なく併存させ、経済成長を追求しつつ、同時に環境の保護もやっていくことは、現実にも十分可能だろう。経済を発展させれば必ず自然環境が破壊される、というものではない。そこのところに「新中間路線」の優れた融通性があると考える。

台湾独自の「新中間路線」は、欧米のそれを超えたものになるのか。

陳水扁 台湾には欧米のように社会主義と資本主義といった、絶対的なイデオロギーの対立は存在しない。左派も右派もないのが台湾だ。もっとも、経済発展重視か環境保護か、資本家の利益を守るか労働者の権益を重視するかといった問題では、欧米と共通点がある。手当を支給して済ますのか訓練を受けさせるのか、教育を受けた者にも手当を給付するのかといった問題は、台湾にもある。個人に絶対的な権利を認める個人主義か、それとも個人の義務を果たした上で権利を行使する新個人主義か、といったことでも同じだ。こうしたことをめぐる議論が高まってきているのは欧米だけではなく、台湾でもそうだ。

われわれは、「新中間路線」を採用し「第三の道」を進むことによって、対立する二つの利益を何とか和解させ、改革に結び付けたいと考えている。

台湾に中間的な路線を導入しようという場合、〔中国との〕統一の問題がある。中国との統一か、台湾独立かには、いつまで経っても結論は出ないし、いくら議論しても三年や五年では話がまとまらないまま、年月ばかり空費することになる。そこで、絶対に独立するとか統一するとか言わず、「新中間」「第三の道」でいこうではないか、ということにする。それなら国家も安全である。国家の安全こそが「第三の道」であり、統一・独立を超越し、族群を超越するのが「第三の道」なのである。統一か独立かにこだわらなくても、台湾という国家の安全を損なわない道はある。最も重要なのは台湾の安全だ。国家の安全を中間路線の主軸に据えたのは、そのためだ。

中国との関係について

――両岸関係について聞きたい。「一つの中国、一つの台湾」という(民進党の)行き方で、中国の信頼をかち得ることができるのか。

陳水扁 われわれが主張するのは、台湾は一つの国家であり、台湾は中華人民共和国の統治を受けていない国家である、ということだ。台湾と中華人民共和国は、現在それぞれ独立し、互いにどちらにも帰属しない別々の華人国家であり、ある種の国際的に特殊な関係を発展させねばならない、ということだ。台湾、中華人民共和国という別々の華人国家は、〔台湾〕海峡両岸の関係を正常化すべきであり、その第一歩は、両岸の経済関係を正常化することでなければならない。経済の安全を発展させる戦略を示したのは、そのためだ。

台湾の安全が確保されることを前提とし、市場原理に従い、互恵の原則を守りながら、政府によるいわゆる「三通」〔通商、通航、通信〕を実施することが望ましい。両岸関係の正常化を進めるための対中国政策として、「頑張るが戦争せず、開放するが戦わず、競争するが闘争しない」という「三不政策」をも主張してきた。

われわれの見るところ、これからの時代、これからの新世紀は、和解の時代であり、協力の時代であり、さらには平和の時代である。中国との間でも、建設的な対話と話し合い、ひいては交渉を、積極的に進めたいと考えている。テーマにはこだわらない。政治的テーマを含めることにも喜んで応じる。これと平行して、効果的で民主的な対話のメカニズムを構築すべきだとも言ってきた。対話のメカニズムを補強する第二、第三のチャンネルを設定することについても、楽観している。それだけでなく、軍事面での相互信頼を築くための対話メカニズムを設けるべきである。

このほか、以下の三つの前提に立ち、東西ドイツのモデルに従って、〔中国との間で〕平和協定、または基礎条約を調印し、それを両岸の特殊な関係の基礎にしてゆきたい。その前提は、第一に双方が互いに尊重し合う対等な立場であること、第二に国連憲章に従い平和的な方法で問題を解決すること、第三に将来の方向を事前に設定しないことだ。

体制変革について

━━ あなたが当選したら、連合政府をつくると発言している。連合政府の条件は何か。宋楚瑜陣営の人物も参画できるのか。

陳水扁 われわれが主張してきたのは全民政府であり、連合政府ではない。全民政府は民進党が主導する政府である。人事は能力本位とし、党派、族群、性別は問わない。国家が必要とする人材であれば誰でも登用し、能力を最大限に発揮できる場と機会を与える。これは連合政府ではない、と言う理由は、連合政府は政党と政党の合作を指すからだ。民進党執政のもとでは、最良の人材を集め、党派を問わず最も優秀な人材を登用するつもりだ。

━ 憲政を抜本的に改革するということだが、どのように改革を進めるのか。

陳水扁　国民党はここ数年毎年のように憲法の修正を重ね、五年で五回変えるという具合だった。それでもまだ修正が終わっていないという。これではよくない。国家の根本をなす憲法が毎年修正されるのに、法律は毎年変わったりはしない。これもよくない。われわれが主張するのは、憲法を改めるなら一回で改めるべきだということだ。ある程度の時間が経ってから検討し直すべきであって、毎年変えてはいけない。

私が総統に就任したら、憲政の改革を進める。専門の学者、政党の代表、民意代表、社会各界の代表を招いて憲政改革会議を開く。われわれが目指すのは、第一に、〔現在のような五院制ではなく〕三権分立による総統制の憲法である。第二に、立法院と国民大会を合併し、単一国会制に移行する。第三に、百パーセントの地方自治を定着させ、地方の権利は地方に戻す。この三点が憲政改革を進める上での重点だ。

李登輝総統は、第一段階の民主改革を完成させた。第二段階の改革は、李総統には進める意思はあっても力がなく、意思も力もないとさえ言える。阿扁総統になってはじめて、第二段階の民主改革、ことに憲政の改革と国会の改革を進めることが可能になるのである。

―― 憲政の改革に、タイムテーブルはあるのか。二年程度で終わるのか。

陳水扁 二年以内にはさしあたりの決定を下すようにしたい。最終的には人民に確認の決定を委ねねばならないからだ。

日本について

―― 台湾の選挙では宣伝キャンペーンが重要なようだ。投票日が迫った段階で、また何か変わった趣向をするのか。

陳水扁 周知の通り、台湾は国土が大きいわけではないし、メディアが発達している。だから、ほしい情報は簡単に手に入るのだが、見てもわからないような宣伝であってはならないし、宣伝に接する機会がないようでもいけない。従来通りの催し物やムードを盛り上げるパーティーを含め、いろいろな方法を動員して、われわれの口で正しい情報を民衆に伝えなければならない。現代の科学技術は最良の宣伝手段だと思うが、従来からの方法もやめてしまってはいけない。

━ あなたは阪神大地震の被災地を二度視察した。日本に対して、どのような感情を持っているか。

陳水扁 日本が阪神大地震の廃墟の中から、これほど短時間の間に復興したことに、敬服と驚きの念を覚える。私が目にした神戸には、二十一世紀の新しい国際港湾都市の風貌があり、大変感心した。日本がこのように早く復興を成し遂げることができたのは、中央と地方が協力し、ボランティアがその精神を発揮し、民間の力を導入したことと、大いに関係があったと思う。どのような再建事業でも、中央が金を出すだけではだめで、地方政府が主導するのが正しいやり方だということがわかった。

政府がどのように頑張ってもやはり限界があるから、民間の力、ボランティアの力と結び付ける必要がある。日本が阪神大地震の後素早く立ち直れたのは、ボランティア団体の数も種類も多かったからだろう。日本のボランティアは国際ボランティアにもなれる。われわれが防災白書をつくるさい、将来図を描く参考にさせてもらった。将来の自然災害の防止と救援のために、いい参考になった。まさに他山の石と言うべきだろう。日本の成功例や失敗例は、われわれが見習い、用心してゆくいい材料だ。

━ 一年半前の台北市長選挙が終わった後、徳川家康に関する全集を読んだそうだが、読後感は？

陳水扁 「鳴かずんば、鳴くまで待とうホトトギス」という家康の言葉は、いろいろなことにあてはまるのではないか。急げば急ぐほど忍耐が必要なことは、よくある。なかなかの智慧だ。政治にたずさわる者として、学ぶべきところ、考えるべきところが少なくなかった。家康の成功の秘訣は、彼の人事哲学にあったと思う。能力主義で人材を登用することは、実際には容易なことではない。

もっとも、〔家康の〕成功の経験を一〇〇パーセント真似る必要はない。例えば、目的のために手段を選ばないようなら、自分の肉親さえ傷つけることになる。政治にはその種の冷酷さも必要だろうが、私にはできないことで、学ぶ必要もない。やはり必要なのは、少しでも人間味を持つことであろうから、無情に徹してことにあたるようなことは、私のような者には無理で、〔家康が冷酷に徹したことは〕間違っているかもしれない。

――自伝の『台灣之子』に、故・黄信介氏から深い影響を受けたとある。ここに書かれている以外にも、いろいろあったのか。

陳水扁　本に書いてある通りだ。

選挙戦について

――今回の選挙は、歴史的にどのような意味があると思うか。

陳水扁　台湾で今世紀最後の選挙であるし、台湾にとって最も重要な選挙だ。国際的な注目も浴びており、海峡両岸の関係に次の世紀まで影響を及ぼす選挙でもある。民主国家か共産主義国家か、先進国か後れた国かを問わず、世界のいかなる国も政党の間で政権の交代を経験しており、台湾は唯一の例外だと言える。五十五年間も執政の座にあった政党が、次の世紀も執政を続けるべきではないと思う。

台湾にとって良いことは、国民党にとっても良いことなのだ。国民党に反省と休息の機会を与えようではないかと、われわれは訴えてきた。本当の民主国家が具えるべき一つの条件は、政党政治の精神によって、政党間の政権交代を成し遂げることだ。

━ 今後の選挙戦の重点はどこに置くのか。

陳水扁　昨年十月に、十月は連戦の月、十一月は宋楚瑜の月、十二月は阿扁の月だと私が言った時は、信じない人が多かった。だが事実が示す通り、そのようになった。これから三月十八日の投票日まで、まだ七十数日もある。少しでも油断するようであってはならないし、絶対に誤りを犯さないように注意せねばならない。ここまで来たのだから、着実を心がけ、間違いさえなければ、最後には勝てる。いまが選挙本部の全力を挙げてラストスパートをかけるべき時だ。

この後には、みんなを安心させるような「執政カード」を切る必要がある。みんなに阿扁が本当に総統になるという気にさせ、民進党が政権を握っても台湾は安泰であり、安定が続くと信じさせなければならない。安定の中でこそ進歩が追求でき、安定があればこそ改革が追求できる。民進党を支持することは、台湾にチャンスをもたらすのである。

「台湾の子」の代表として阿扁を総統にしようという気運は強いし、「台湾の子」であればこそ、希望も期待も持てる。台湾を代表するような人々は、阿扁と同じように真面目に努力を重ね、限界のある劣悪な環境に置かれてきたにもかかわらず、下から上へはい上がってきた。無から有へというのが「台湾の子」の精神だったし、真面目にこつこつという台湾人の精神でもあった。阿扁がしてきたことは、台湾人一人一人がしてきたことでもある。二〇〇〇年の総統選挙は、「台湾の子」にとっては一つのチャンスだ。

（二〇〇〇年一月五日、台北の選挙本部にて。インタビュアーは著者）

あとがき

日本で最もよく知られた台湾人なら、やはり李登輝である。石原慎太郎東京都知事のように、彼を尊敬してやまない人も少なくないし、伝記類もいくつか出版されている。李登輝は、自分が決めた民主化の手続きに従って、二〇〇〇年五月二十日で総統職を退く。

彼の後任として最近当選した陳水扁は、日本ではほとんど無名に近かった。地元では数年前からすでに人気者であるのに、日本ではごく最近まで、「知る人ぞ知る」程度であった。陳水扁はどのような人物なのか、彼が所属する民主進歩党（民進党）はいかなる政党か、この党は台湾の民主化にどのような貢献をしてきたのかとなると、中国関係の専門家でさえ、詳しい人は多くないであろう。

この本は、そのようなところへの関心の薄さを補うつもりで書いた。一読していただければわかる通り、いわゆる専門書ではなく、最近台湾で起きたことの時事解説的意図をも込めて、最初から通俗的であることを目指した一般概説書である。新聞社の記者だった著者には、学術的に周到を期すことなどは、仮にしようと思ってもできはしないし、台湾と陳水扁に対する日本での関心の度合いと、民進党に対する興味の新しさからすれば、むしろジャーナリスティックな記述の方が向いているのではないか、と考えたわけである。

幸いにしてと言うべきか、不幸にしてと言うべきか、民進党に関する本は日本ではまだきわめて少ない。日本語でものを書く意欲がかなり旺盛な在日台湾人でさえ、この方面にはあまり踏み込んでいない。この本は、おそらく足りないところ、手が届かなかったところばかりであろうから、専門家や台湾人著作家に、どんどん補っていっていただきたいと思っている。民進党という政党も陳水扁という人物も、日本でもっと知られてしかるべきだと考えるからである。

日本の学界では、台湾に関する研究が最近かなり増えているようであり、すぐれた業績を上げている学者、研究者もいることは、著者も承知している。しかし、こと台湾の動静となると、反中国的感情の強い保守派人士だけの独占的関心事である感が、まだまだ強い。そのような傾向が早く修正されてほしいということも、著者の正直な気持ちであり、著作の一つの意図でもある。

著者が陳水扁の面識を得たのは、彼が一九九五年に大阪で開かれたシンポジウムに招かれて来た時のことである。このシンポジウムを組織した新聞社の社員として、彼の一行のアテンドのようなことをしたのが端緒であった。彼はその前年に台北の市長に当選したばかりで、台湾ではすでに人気が出始めていた。野党の若きホープ、仕事がよくできる意欲満々の人物と聞いていたが、実際に会ってみると、評判から想像するようなぎらぎらしたところはほとんどなく、むしろはにかみやのようにも見え、意外な感じを持ったことを覚えている。

その後三年ほどして、著者がある種の気まぐれから、台北でしばらく生活しながら台湾観察をしてみたいと思い立ったのがきっかけで、再び彼と接触する機会ができた。台北市長再選の選挙を控えていた陳水扁はなかなか親切で、台北の郊外にある民間の研究機関に所属するのはどうかとアドバイスしてくれただけでなく、紹介の手紙まで書いてくれた。

日本人が台湾に積極的な関心を持つことを、台湾人は意外なほどに喜んでくれる。それから一年半ほどの間、親切な人たちに囲まれて、自由でのんびりした台湾観察ができた。台湾について、どこかに特定の焦点を決めて本を書いてみたいというのは、最初からの狙いであった。滞在の期間が一年少々と限られていたことと、日本側からの関心の薄い部分、ことに民主化が進んできたプロセスについての理解の不足を埋めたいという願望とを考え合わせ、このような内容の本にしたわけである。陳水扁という人物に的を絞ったような形になったが、これはたまたま彼が二〇〇〇年の総統選に勝ってしまったからであった。実際のところ、投票日から四か月ほど前までは、彼が確実に当選するような客観情勢ではなかった。小さい島の民主化運動のことなどを書いて、果たして日本でどのくらい関心を持ってくれるか、心許ない思いであった。結果的にいいタイミングになったのは、幸運としか言いようがない。

本を書く材料を集める段階で、大勢の台湾人、日本人の方々に、大変な協力をいただいた。ことに、「老台北」のニックネームで知られ、日台関係に非常な情熱を燃やしておられる蔡焜燦さんには、どんなにお礼を言っても十分ではないと言えるほど、ご厄介になった。著者の元勤め先である読売新聞の河田卓司台北支局長には、情報の提供以外にも、さんざんお世話になった。民進党の関係者では、新竹でハイテク企業を経営しながら民進党をバックアップされている鄭紹良さん、陳水扁選挙本部の元締めだった元党秘書長の邱義仁さん、地方在住の方では台南の蔡徳本さん、成功大学副教授の陳梅卿さんらに、熱心にご協力いただいた。国策研究院の田弘茂院長には、著者を例外的に客員研究員として受け入れていただいた。名前を挙げないその他の方々を含め、あらためてお礼を申し上げたい。

原稿の締切をかなり過ぎても辛抱強く待っていただいた藤原書店の藤原良雄社長、刈屋琢氏には、ご迷惑をかけた。でき得れば、この本の売れ行きで埋め合わせできればと願うばかりである。

台北にて

二〇〇〇年三月下旬

丸山　勝

台湾民主化運動年譜（一九四五～二〇〇〇）

（作成・丸山勝）

年号	台湾関連事項	その他の出来事
一九四五	8 日本が無条件降伏（15日）	
一九四六	10 陳儀が台湾省行政長官として着任 台湾で猛烈なインフレ進行	
一九四七	2 二・二八事件（28日） 3 二二八事件処理委員会が発足（2日）。七日民主（2～8日）。国民政府増援軍が上陸、弾圧始まる（8日）	
一九四八	4 反乱鎮定時期臨時条項を公布	
一九四九	1 蒋介石が台湾へ移転 5 戒厳令発令（19日） 11 『自由中国』発刊 土地改革始まる（～五三） 後半から白色テロ始まる	10 中華人民共和国成立（1日）
一九五〇		6 朝鮮戦争勃発
一九五一	2 陳水扁生まれる（18日）	9 サンフランシスコ平和条約調印
一九五二	4 日華平和条約調印	
一九五六	2 廖文毅が台湾共和国臨時政府成立を宣言（東京で） アメリカで「台湾人のための自由台湾」が創立される	
一九五七	4 地方選挙で党外候補者聯誼会を結成 11 『文星』創刊	
一九五八	8 中国軍が金門島を砲撃	中国で「大躍進」始まる

年	台湾	中国・世界
一九六〇	雷震らが中国民主党結成を申し合わせ 9 『自由中国』の雷震ら逮捕される 6 民主人士聯誼会が「一千字宣言」	
一九六一	3 蘇東啓らの武装蜂起事件	
一九六二	施明徳らの「台湾独立連盟」事件逮捕される	
一九六四	9 彭明敏ら「台湾人民自救宣言」で逮捕	
一九六六	全米台湾独立連盟が結成される	中国で「文化大革命」始まる
一九六七	林水泉らが独立運動で逮捕される	
一九六八	1 『大學』創刊	
一九六九	11 黄信介が立法委員に当選	
一九七一	10 中華民国が国連脱退 12 長老教会が「国是に関する声明」	
一九七二	5 蒋経国が行政院長に就任 9 日台断交 12 党外の康寧祥らが立法委員に当選	2 ニクソン訪中 9 日中国交回復
一九七五	4 蒋介石死去 8 『台灣政論』創刊 12 党外の許世賢らが立法委員に当選	4 ベトナム戦争終結
一九七六		9 毛沢東死去 10 「四人組」逮捕
一九七七	8 長老教会が「人権宣言」 11 地方選挙で党外が全国規模で連携し、県市長に四人が当選。中壢事件	
一九七八	3 蒋経国が総統に就任 10 党外人士助選団が「十二大政治建設」を発表 12 米中が国交樹立を発表。立法院選挙を延期	12 中国共産党中央委員会総会で鄧小平が指導権を確立し、改革・開放始まる

一九七九	1	米台断交。高雄県で「橋頭デモ」	1	米中国交樹立
	4	米議会が台湾関係法を可決		
	8	『美麗島』創刊		
	12	鼓山事件。美麗島事件（10日）		
一九八〇	2	林義雄の家族惨殺		
	3	美麗島事件の軍事裁判、八被告全員に有罪		
	12	党外が立法院・国民大会選挙で躍進		
一九八一	11	地方選挙で党外の陳水扁、謝長廷らが台北市会議員に当選		
一九八三	12	党外の張俊雄らが立法委員に当選		
一九八四	5	李登輝が副総統に就任		
	9	党外公職人員公共政策研究会（公政会）成立		
	10	アメリカで江南殺害事件		
一九八五	1	陳水扁らに有罪判決（蓬莱島事件）		
	11	党外が地方選挙で躍進		
一九八六	3	蒋経国が国民党政治革新小組を設置	2	フィリピンで民主革命
	5	党外と国民党が初めて直接対話（溝通）		
	6	陳水扁入獄		
	9	民主進歩党が結党宣言（28日）		
	11	民進党第一回党大会（10日）		
	12	民進党が立法院選挙で進出。呉淑珍が立法委員に当選		
一九八七	1	「党禁」解除		
	5	黄信介、張俊宏が出獄		
	7	戒厳令解除（15日）		
	11	民進党第二回党大会、主席に姚嘉文		
一九八八	1	蒋経国死去。李登輝が総統に昇格。「報禁」解除		

一九八九	4 民進党臨時党大会が独立問題をめぐり激論 10 民進党第三回党大会、主席に黄信介 4 鄭南榕が言論の自由を要求し焼身自殺 12 民進党が立法院選挙、地方選挙で大幅に進出。陳水扁が立法委員に当選	6 天安門事件。江沢民が中国共産党総書記に就任
一九九〇	2 国是会議、民進党指導者も出席 5 李登輝が総統に再任	
一九九一	5 反乱鎮定時期臨時条項を廃止。懲治反乱条例を廃止 6 反体制人士「ブラックリスト」失効 10 第五回党大会が「公民投票による台湾共和国独立綱領」を採択。主席に許信良 12 国民大会代表の初めての全面改選。正義連線（陳水扁派）発足	6 ユーゴスラビアの解体始まる 12 ソ連邦解体
一九九二	7 刑法第一〇〇条から反乱予備・陰謀罪の規定を削除。中国大陸向けの投資を公認 12 立法委員を初めて全面改選、民進党が議席と投票率で三三パーセントに	2 鄧小平が中国南部を視察し「南巡講話」で改革・開放の加速を指示
一九九三	2 連戦が初めての台湾人行政院長に就任 4 中台が初めて準公式対話（シンガポール・トップ会談）、四項目で合意 8 「新党」結成	
一九九四	1 地方選挙で民進党の得票率が国民党に迫る 12 陳水扁が台北市長に当選	
一九九五	1 江沢民が台湾に八項目提案 5 施明徳が新独立論を提起 6 李登輝が私的訪米。中国が台湾海峡などで台湾威嚇の	

一九九六	軍事演習 この年後半に民進党と新党の「大和解」工作 3 初めての総統民選で、民進党候補の彭明敏は惨敗し、李登輝が当選。中国が台湾海峡で再びミサイル演習 10 建国党結成 12 国家発展会議、民進党も出席し憲法改正で国民党との協力が成立	
一九九七	11 民進党が地方首長で大勝し、得票率で国民党を初めて上回る	2 鄧小平死去 7 香港が中国に返還 12 金大中が韓国大統領に当選
一九九八	6 クリントンが訪中で「三つのノー」を口頭で表明 10 中台が上海で第二回準公式対話 12 民進党が立法院など三種類の選挙で敗北し、陳水扁が台北市長選に落選、謝長廷が高雄市長選に当選	3 朱鎔基が中国首相に就任
一九九九	3 陳水扁が「新中間路線」を提起 4 陳水扁が「民主大連盟」(全民政府)構想を提起 5 民進党大会が「台湾の前途に関する決議」「公職候補者指名に関する臨時条例」を採択。陳水扁の総統選出馬決まる。許信良が脱党 7 李登輝が「二国論」を提起、中台関係が悪化 9 台湾中部で大地震	
二〇〇〇	2 中国が「一つの中国白書」を発表、陳水扁の当選を牽制 3 陳水扁が総統に当選、国民党は惨敗(18日)	

参考文献

日本語文献

殷允芃編、丸山勝訳『台湾の歴史――日台交渉の三百年』藤原書店、一九九六年
蔡徳本『台湾のいもっ子――日本語で書かれた戦後台湾本省人（いもっ子）の隠された悲劇』集英社、一九九四年
司馬遼太郎『台湾紀行〈街道をゆく四十〉』朝日新聞社、一九九七年
山本勲『中台関係史』藤原書店、一九九九年
李登輝『台湾の主張』ＰＨＰ研究所、一九九九年
若林正丈『蒋経国と李登輝』岩波書店、一九九七年
『原典中国現代史・第七巻』岩波書店、一九九五年
『岩波現代中国事典』岩波書店、一九九九年

中国語文献

許介鱗『戰後台灣史記・巻一～三』文英堂出版社、一九九六年
李筱峰『台湾史100件大事・下』玉山社、一九九七年
李筱峰『台灣民主運動四十年』台湾・自立晩報社、一九八七年（邦訳=酒井亨訳『台湾クロスロード』日中出版、一九九三年）
郭正亮『民進黨轉型之痛』天下文化出版、一九九八年

クロード・ジョフロワ『台灣獨立運動』黃發典訳、前衛出版社、一九九七年
陳水扁『台灣之子』晨星出版、一九九九年
劉寶傑・郭淑媛『出手與出馬——該出手時就出手』周刊商業出版、一九九八年
陶五柳『陳水扁震撼』大村文化出版、一九九四年
林淑玲『陳水扁武攻心法』時報文化出版、一九九八年
董智森『台北經驗・陳水扁』月旦出版社、一九九八年
李敖、李慶元『陳水扁的眞面目』李敖出版社、二〇〇〇年
鍾年晃『走出金枝玉葉——阿扁嫂的故事』TVBS周刊、二〇〇〇年

孫慶餘『民進黨現象』日知堂、一九九二年
孫慶餘『變質的民進黨』不二出版、一九九五年
黃德福『民主進歩黨與台灣地區政治民主化』時英出版社、一九九二年
柳金財『民進黨大陸政策剖析』時英出版社、一九九八年

彭明敏『自由的滋味』李敖出版社、一九九五年
葉柏祥『黃信介前傳』月旦出版社、一九九四年
許信良『新興民族』日本語版、亜太文化学術交流基金、一九九九年
夏珍『許信良的政治世界』天下文化出版、一九九八年
夏珍『文茜半生緑』時報文化出版、一九九九年
陳賡堯『文化・宜蘭・游錫堃』遠流出版、一九九八年

陳婉真、王健生、陳湧泉『１９４７台灣二二八革命』前衛出版社、一九九〇年
任育徳『雷震與台灣民主憲政的發展』政治大学歴史学部刊、一九九八年
呂秀蓮『重審美麗島』前衛出版社、一九九七年
彭懐恩『台灣政治文化的剖析』風雲論壇出版社、一九九七年
黃默 'Political Ko'tung and the Rise of the Democratic Progressive Party in Taiwan：1984–1986'『東呉政治學報』一九八五年一月号所載
王甫昌「台灣族群政治的形成及其表現——一九九四年台北市長選擧結果之分析」、殷海光基金会編『民主・轉型・台灣現象』所載、桂冠図書、一九九八年
『口述史・没有黨名的黨——美麗島政團的發展』時報文化出版、一九九九年
『口述史・高雄事件與美麗島大審』時報文化出版、一九九九年
呉釗燮「台灣民主化的回顧與前瞻」、『国立中山大学社会科学季刊』一九九八年春季号所載
リンダ・アリゴ『激盪！　台灣反對運動總批判』王耀南ら訳、前衛出版社、一九九八年
楊碧川『台灣歴史辭典』前衛出版社、一九九七年
民進黨中央黨部編『協商式民主——臺灣政治發展的新方向』一九九五年
『民進黨黨章黨綱』民進黨中央黨部、一九八六年
『民進黨黨章黨綱』民進黨中央黨部、一九九一年
『中國時報』『聯合報』『自由時報』『台湾日報』各紙
『新新聞』誌

た 行

な 行

は 行

ま 行

や 行

ら 行

わ 行

人名索引

姓→名の50音順で配列した。日本人以外の漢字人名は音読みした。

著者紹介

丸山　勝（まるやま・まさる）

1939年長野県生まれ。現在，目白大学人間社会学部教授。台湾・国策研究院客員研究員。63年京都大学文学部卒業，読売新聞社入社。ジャカルタ，ナイロビ各特派員，北京支局長，アジア総局長（シンガポール，バンコク駐在），外報部次長，読売新聞調査研究本部主任研究員などを経て，2000年4月から現職。
著書に『現代中国のイメージ』（三修社），共著書に『「南」からの便り』（創知社）など，訳書にI・ウォーラーステイン『ポスト・アメリカ』ウォーラーステイン&ホプキンズ編『転移する時代』，殷允芃編『台湾の歴史』（共に藤原書店），共訳書にR・C・イェーガー『ルージング・イット』（新評論）など。

陳水扁の時代――台湾・民進党、誕生から政権獲得まで

2000年4月30日　初版第1刷発行©

著　者　丸　山　　勝
発行者　藤　原　良　雄
発行所　株式会社　藤　原　書　店

〒162-0041　東京都新宿区早稲田鶴巻町523
電　話　03（5272）0301
FAX　03（5272）0450
振　替　00160-4-17013

印刷・製本　美研プリンティング

落丁本・乱丁本はお取替えいたします
定価はカバーに表示してあります

Printed in Japan
ISBN4-89434-173-5

台湾人による初の日台交渉史

台湾の歴史

（日台交渉の三百年）

殷允芃編　丸山勝訳

オランダ、鄭氏、清朝、日本…外来政権に翻弄され続けてきた移民社会・台湾の歴史を、台湾人自らの手で初めて描き出す。「親日」と言われる台湾が、その歴史において日本といかなる関係を結んできたのか。知られざる台湾を知るための必携の一冊。

四六上製　四四〇頁　三二〇〇円

（一九九六年一二月刊）

◇4-89434-054-2

發現台灣　天下編輯

中国vs台湾――その歴史的深層

中台関係史

山本勲

中台関係の行方が日本の将来を左右し、中台関係の将来は日本の動向によって決まる――中台関係を知悉する現地取材体験の豊富なジャーナリストが歴史、政治、経済的側面から「攻防の歴史」を初めて描ききる。来世紀の中台関係と東アジアの未来を展望した話題作。

四六上製　四四八頁　四二〇〇円

（一九九九年一月刊）

◇4-89434-118-2

陸のアジアから海のアジアへ

海のアジア史

（諸文明の「世界＝経済《エコノミー・モンド》」）

小林多加士

ブローデルの提唱した「世界＝経済《エコノミー・モンド》」概念によって、「陸のアジアから海のアジアへ」視点を移し、アジアの歴史の原動力を海上交易に見出すことで、古代オリエントからNIESまで、地中海から日本海まで、躍動するアジア全体を一挙につかむ初の試み。

四六上製　二九六頁　三六〇〇円

（一九九七年一月刊）

◇4-89434-057-7

トインビーに学ぶ東アジアの進路

文明の転換と東アジア

（トインビー生誕一〇〇年アジア国際フォーラム）

秀村欣二監修　吉澤五郎・川窪啓資編

地球文明の大転換期、太平洋時代の到来における東アジアの進路を、トインビーの文明論から模索する。日・韓・中・米の比較文明学、政治学、歴史学の第一人者らによる「アジアとトインビー」論の焦点。「フォーラム全記録」収録。

四六上製　二八〇頁　二七一八円

（一九九二年九月刊）

◇4-938661-56-X

グローバリズム経済論批判

経済幻想

E・トッド
平野泰朗訳

「家族制度が社会制度に決定的影響を与える」という人類学的視点から、グローバリゼーションを根源的に批判。アメリカ主導のアングロサクソン流グローバル・スタンダードと拮抗しうる国民国家のあり方を提唱し、世界経済論を刷新する野心作。

四六上製　三九二頁　**三二〇〇円**
（一九九九年一〇月刊）
◇4-89434-149-2

L'ILLUSION ÉCONOMIQUE
Emmanuel TODD

開かれた同化主義の提唱

移民の運命

〈同化か隔離か〉

E・トッド　石崎晴己・東松秀雄訳

家族構造からみた人類学的分析で、国ごとに異なる移民政策、国民ごとに異なる移民に対する根深い感情の深層を抉る。フランスの普遍主義的平等主義とアングロサクソンやドイツの差異主義を比較、「開かれた同化主義」を提唱し「多文化主義」の陥穽を暴く。

A5上製　六一六頁　**五八〇〇円**
（二〇〇〇年一一月刊）
◇4-89434-154-9

LE DESTIN DES IMMIGRÉS
Emmanuel TODD

現代経済事情を道案内

日本経済にいま何が起きているのか

阿部照男

いま、日本経済が直面している未曾有の長期不況の原因と意味を、江戸時代以来の日本の歴史に分かりやすく位置づける語りおろし。資本主義の暴走をくいとめるために、環境を損なわない経済活動、資源を浪費しない経済活動を提唱する「希望の書」。

四六上製　二四八頁　**二四〇〇円**
（二〇〇〇年三月刊）
◇4-89434-171-9

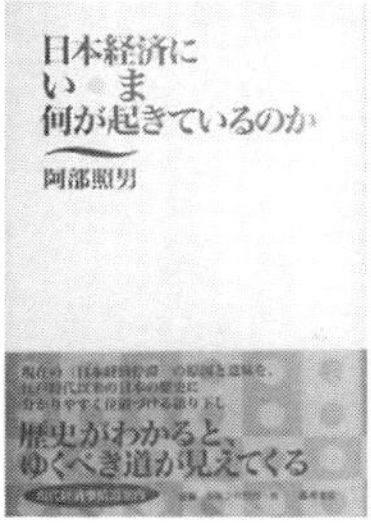

渾身の書き下し、新経済学入門

経済学道案内

〈基礎篇〉

阿部照男

マルクス経済学や近代経済学にも精通した著者が、人類学、社会学などの最新成果を取り込み、科学としての柔軟性と全体性を取り戻す新しい〈人間の学〉としての経済学を提唱。初学者に向けて、その原点と初心を示し、経済のしくみ、価値体系の謎に迫る。

A5並製　三六六頁　**三二〇〇円**
（一九九四年四月刊）
◇4-938661-92-6

二一世紀への戦略を提示

アフター・リベラリズム
〈近代世界システムを支えたイデオロギーの終焉〉

I・ウォーラーステイン　松岡利道訳

ソ連解体はリベラリズムの勝利ではない。その崩壊の始まりなのだ――仏革命以来のリベラリズムの歴史を緻密に跡づけ、その崩壊と来世紀への展望を大胆に提示。新たな史的システムの創造に向け全世界を鼓舞する野心作。

四六上製　四四八頁　**四八〇〇円**
（一九九七年九月刊）
◇4-89434-077-1

AFTER LIBERALISM　Immanuel WALLERSTEIN

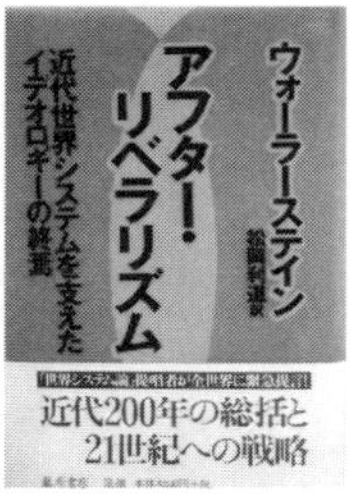

激動の現代世界を透視する

ポスト・アメリカ
〈世界システムにおける地政学と地政文化〉

I・ウォーラーステイン　丸山勝訳

「地政文化《ジェオカルチャー》」の視点から激動の世界＝史的システムとしての資本主義を透視。八九年はパックス・アメリカーナの幕開けではなく終わりである、冷戦こそがパックス・アメリカーナであったと見る著者が、現代を世界史の文化的深層から抉る。

四六上製　三九二頁　**三六八九円**
（一九九一年九月刊）
◇4-938661-32-2

GEOPOLITICS AND GEOCULTURE　Immanuel WALLERSTEIN

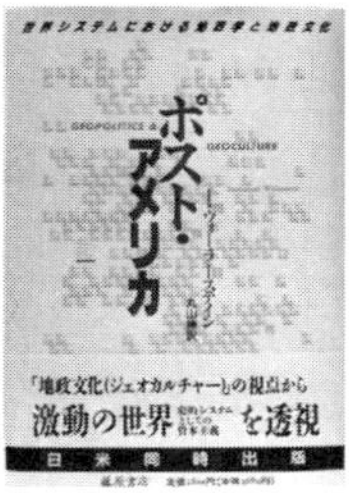

新しい総合科学を創造

脱＝社会科学
〈一九世紀パラダイムの限界〉

I・ウォーラーステイン
本多健吉・高橋章監訳

一九世紀社会科学の創造者マルクスと、二〇世紀最高の歴史家ブローデルを総合。新しい、真の総合科学の再構築に向けて、ラディカルに問題提起する話題の野心作。〈来日セミナー〉収録。（川勝平太・佐伯啓思他）。

Ａ５上製　四四八頁　**五七〇〇円**
（一九九三年九月刊）
◇4-938661-78-0

UNTHINKING SOCIAL SCIENCE　Immanuel WALLERSTEIN

新社会科学宣言

社会科学をひらく

I・ウォーラーステイン
＋グルベンキアン委員会
山田鋭夫訳・武者小路公秀解説

大学制度と知のあり方の大転換を緊急提言。自然・社会・人文科学の分断をこえて、脱冷戦の世界史的現実に応えうる社会科学の構造変革の方向を、ウォーラーステイン、プリゴジンらが大胆かつ明快に示す話題作。

Ｂ６上製　二一六頁　**一八〇〇円**
（一九九六年一一月刊）
◇4-89434-051-8

OPEN THE SOCIAL SCIENCES　Immanuel WALLERSTEIN